Mit Kita-Kindern forschen

Kindgerechte Experimente und spannendes Hintergrundwissen aus den Naturwissenschaften

Charlotte Willmer-Klumpp

Klett Kita

Impressum

ISBN: 978-3-96046-256-9
Mit Kita-Kindern forschen
Kindgerechte Experimente und spannendes Hintergrundwissen aus den Naturwissenschaften

Redaktion	Myriam Bork
Autorin	Charlotte Willmer-Klumpp
Gestaltung und Satz	DOPPELPUNKT, Stuttgart
Illustration	Stefanie Kolb
Druck	Grafik Media Produktionsmanagement, Köln

Klett Kita GmbH
Rotebühlstr. 77
70178 Stuttgart
www.klett-kita.de

Bildnachweis

GettyImages
S. 6, 64: wundervisuals | S. 12: yaoinlove | S. 20, 32, 42: Catherine Falls Commercial | S. 26: Jcomp | S. 29: SanyaSM | S. 34, 36: drogatnev | S. 38: Halfpoint Images | S. 40: hanabeni | S. 41: S847 | S. 42: Animaflora | S. 44: ViniSouza128 | S. 45: Pixelelfe | S. 48: Reinhold Wittich_Stocktrek Images | S. 53: Blond Fox | S. 54: artpartner-images | S. 56: Kateryna Zasukhina | S. 58: pioneer111 | S. 62: Krafla | S. 67: Eleonora_os | S. 72: Funwithfood | S. 78: Tina Terras & Michael Walter | S. 83: jirkaejc | S. 85: Wavebreakmedia | S. 90: Ihor Reshetniak | S. 91: diane555 | S. 92: PeterHermesFurian | S. 93: ambassador806
Rucksack: RainStock/GettyImages

AdobeStock
S. 69, 74: bilderzwerg

Coverbild
Sally Anscombe/GettyImages

Inhalt

Kapitel 7: Naturgesetzen auf der Spur – Mit Kindern Physik entdecken

Kapitel 8: Sehen, Hören, Fühlen & Co. – Eine Reise in die Welt der Sinne ...

Vorwort

Niemand ist zu jung für die Naturwissenschaften! Wer Kindern zwischen drei und sechs Jahren über die Schulter schaut, wie konzentriert, ernsthaft und mit Ausdauer sie ihre Experimente durchführen und nach Erklärungen suchen, der weiß, wie wichtig der Zugang zu den Naturwissenschaften und der Technik in diesem Alter ist. Kindern, die beim Experimentieren spannende Erfahrungen machen, sind die Naturwissenschaften bald nicht mehr fremd – sie werden zu einer bunten, faszinierenden Welt, die zu erobern sich lohnt!

Auch Sie, die Sie Ihre wissbegierigen Kinder bei der Reise in die Welt der Naturwissenschaften und Technik begleiten, schauen beim Experimentieren nicht nur aus der zweiten Reihe zu. Gemeinsam mit den Kindern erhalten Sie Einblicke in die Naturwissenschaften und die Technik. Dabei verlieren auch die Erwachsenen die Scheu vor dem Experimentieren und lassen sich von der Begeisterung und Neugier der Kinder anstecken. In diesem Buch bieten wir eine Fülle von Anregungen und Beispielen, wie Experimente in den Kindergartenalltag eingebunden werden können.

Eine anregende Umgebung zu schaffen, die Kinder zu begleiten und zum Experimentieren zu ermutigen, sind wichtige Aufgaben der betreuenden Personen. Sie leiten an, helfen den Kindern, mit ihren fünf Sinnen die Umwelt zu erkunden, und begleiten sie bei ihren wissenschaftlichen Entdeckungen. Davon profitieren auch Sie: Sie erwerben Fachwissen durch die intensive Beschäftigung mit den naturwissenschaftlichen Inhalten, Sie entwickeln weitere didaktisch-methodische Fähigkeiten durch das Erlernen von Strategien und Methoden und vertiefen Schlüsselqualifikationen, wie z. B. die Methoden- und Selbstkompetenz. Am wichtigsten erscheint mir aber das Entdecken des pädagogischen Potenzials durch Wahrnehmung der eigenen Rolle im Umgang mit den Kindern.

Auf den folgenden Seiten lade ich Sie ein zu einem Streifzug durch Chemie, Biologie und Physik. Ein Abstecher durch die Welt der Wahrnehmung zeigt den Kindern die Faszination unserer Sinne.

Ich wünsche Ihnen und Ihren Kindern viel Spaß, Neugier und Entdeckungsfreude bei den Experimenten in diesem Buch!

Charlotte Willmer-Klumpp

Experimentieren in der Kita?

Mit Kindern die Geheimnisse der Welt entdecken

Welche Erfahrungen haben Sie in Ihrer Schulzeit mit den Naturwissenschaften gemacht? Welche Erinnerungen haben Sie an Ihren Chemie- oder Physikunterricht? Viel zu kompliziert? Langweilig? Nur Formeln und „Kreide-Chemie"? Haben Sie in Ihrem Unterricht die Überzeugung gewonnen: „Die Naturwissenschaften sind etwas Geheimnisvolles, Kompliziertes, das nur wenige verstehen – und ich gehöre leider nicht dazu!"? Haben Sie deshalb einen pädagogischen Beruf ergriffen, um diesen Themen zu „entkommen"?

Von den Erfahrungen der eigenen Schulzeit blockiert, trauen Sie sich vielleicht nicht, mit Kindern gemeinsam die Phänomene der Natur zu entdecken. Dieses Buch möchte Ihnen Mut machen, gemeinsam mit Ihren Kindern den Forscherweg zu gehen, unbekümmert, neugierig und ohne Vorbehalte.

Experimentieren in der Kita?

Faszination Naturwissenschaft

Vor dem erfolgreichen Einsatz von Experimenten im Kindergarten ist es zunächst wichtig, sich über grundlegende Ziele dieser handlungsorientierten Vermittlungsform für Kinder zwischen drei und sechs Jahren Gedanken zu machen.

Das Experimentieren im Kindergarten soll zum Entwickeln und zur Erhaltung von Interesse an naturwissenschaftlich-technischen Sachverhalten beitragen. Bereits die Faszination, die von einem Experiment zu Beginn ausgeht, führt dazu, dass wir die Kinder auf das Thema neugierig machen und die „Interesse-Tür" aufstoßen. Dabei erfolgt die Auswahl an Lerninhalten aus der direkten Lebenswelt der Kinder.

Neugier wecken, Wissensdurst stillen

Neben Motivation und Faszination für ein Phänomen kann das Experiment einen emotionalen und ganzheitlichen Zugang zu den Naturwissenschaften bieten. Beim Demonstrations-Experiment zuzuschauen oder selbst Hand anzulegen, ist ein großer Unterschied für die Kinder. In der Chemie, Biologie oder Physik gehört das „Hands-on", also das Betrachten, Riechen oder Fühlen und oft auch das Schmecken und Hören als erlebte Auseinandersetzung mit der stofflichen Umwelt dazu.

Konkrete Erfahrungen mit einem Sachverhalt sind ebenfalls eine zentrale Voraussetzung für die kognitive Entwicklung der Kinder. Ohne das Erkunden in einer Experimentierphase können keine Zusammenhänge erklärt, keine Gesetzmäßigkeiten abgeleitet werden. So sollten die Kinder zuerst das Experiment durchführen oder die Versuchsreihe absolvieren, ehe sie im Anschluss an die gemachten Erfahrungen eine naturwissenschaftliche Erklärung abgeben können.

Ihre Aufgabe beim Experimentieren in der Kita

Ihre Begleitung beim systematischen Erkunden der Umwelt unterstützt die Kinder dabei, später selbst Gesetzmäßigkeiten zu entdecken und sich als erfolgreiche Forscherinnen und Forscher zu fühlen. Hierzu sind – neben dem freien Forschen – auch kleinschrittige Experimentieranleitungen nötig, die sicher zum gewünschten Ergebnis führen.

Auch sollen die Kinder – über die reine Aktion hinaus – zu einer aktiven und lernwirksamen Auseinandersetzung mit naturwissenschaftlich-technischen Inhalten aufgefordert werden. Das Ziel des Experimentierens schon in jungen Jahren ist es u. a. auch, etwas über die Methoden und Strukturen der Naturwissenschaften zu erfahren.

Von Endorphinen und Glücksgefühlen

Fragt man Erwachsene, was Glück für sie bedeutet, antworten manche, dass das Erleben der eigenen schöpferischen Kraft und des Erfolgs nach Anstrengung sowie das Empfinden mit allen Sinnen ein großes Glücksgefühl hervorrufen können.

Wenn man Kindern beim Experimentieren, beim „Lernen mit allen Sinnen" zuschaut, kann man dieses Ergebnis sofort bestätigen. Das Flow-artige Eintauchen in das Experiment, dieses selbstvergessene „Verbeißen" in eine Fragestellung führt die Kinder nicht nur zum Ergebnis, sondern zeigt ihnen auf dem Weg dorthin, aus den äußeren und inneren Bedingungen das Bestmögliche zu machen. Eine Frage, im Bestfall selbst gestellt, auch selbst beantworten zu können, indem man forscht, nach Lösungen sucht und findet – das erfüllt auch Erwachsene mit Zufriedenheit.

Die Befriedigung kognitiver Bedürfnisse wie das Erlangen von Wissen, das Verstehen, das Aneignen von Neuem löst im Gehirn Glücksgefühle aus. Kinder sehen in der Entfaltung und im Erleben ihrer eigenen Fähigkeiten sowie in der Eigenaktivität mit geringem Leistungsdruck ihr Glück. Oft werden Sie als pädagogische Fachkraft hören: „Ich habe heute einfach Lust zu forschen!" Der Reiz des Experiments liegt im Neuen, Unerforschten, in der Herausforderung, Lösungen zu finden. Was mit dem Lernprozess Hand in Hand geht, ist der als positiv empfundene Sozialkontakt zu Gleichaltrigen.

Experimente in der Kita begleiten

Endorphine, das weiß der Biochemiker und die Biochemikerin, nutzen sich nicht ab, im Gegenteil – sie stärken, reizen zu neuer Herausforderung, setzen neue Ziele und verändern die Qualität des Lernens nachhaltig. Indem wir beim Experimentieren immer wieder diese Anreize bieten, setzen wir in den kleinen Gehirnen einen Mechanismus in Gang, mit Spaß zu kleinen und großen Erfolgserlebnissen zu kommen. Denn Glück beginnt im Kopf und führt zum Trainieren von Stärken und Kompetenzen. Die Anstrengungen, die jeder Experimentierende eingeht, sind keine „Kraftprotzerei", sondern ein Sicheinlassen auf immer neue Fragestellungen. Es kann für das zukünftige Leben und Lernen der kleinen „Wissensstaubsauger" nur von Vorteil sein, offen auf Fragestellungen zuzugehen und vorurteilsfrei ihre Lösung voranzutreiben.

Forschen und Sprechen

Die Natur ist voller Wörter – nutzen Sie den kindlichen Forscherdrang, um mit der Erkundung von naturwissenschaftlichen Phänomenen die Sprachkompetenz zu erweitern. Im ständigen Wechsel zwischen praktischem Handeln und Sprechen – allein und im Austausch mit anderen – erschließen sich Kinder ihr Weltwissen und ihr Verständnis von Zusammenhängen. Naturerleben und naturwissenschaftliches Experimentieren sind in besonderem Maß geeignet, handlungsorientiert die Fähigkeit zur Kommunikation zu fördern. Machen Sie sich auf den Weg, die Schnittstellen und Wechselwirkungen zwischen Forschen und Sprechen genauer zu betrachten, praktisch umzusetzen und weiterzuentwickeln.

Ko-Konstruktion

In der Pädagogik versteht man unter Ko-Konstruktion den Prozess der Zusammenarbeit von verschiedenen Personen, um gemeinsam ein Produkt zu schaffen, die Lösung eines Problems zu finden und Zusammenhänge zu erarbeiten.

Beim Experimentieren schaffen Kinder und Erwachsene gemeinsam neues Wissen. Beide Seiten bringen gleichberechtigt ihre Ideen ein und finden so Antworten auf Forscherfragen. Im praktischen Tun kommen sowohl Ihre Lebenserfahrung und Ihr Fachwissen als auch die Sichtweise des Kindes gleichberechtigt zur Geltung. Zusätzlich agieren die Kinder untereinander, tauschen Erfahrungen aus und erwerben zahlreiche Kompetenzen. Beim einem ko-konstruktivistischen Ansatz sollten Sie sich immer folgende drei Fragen stellen:

1. Wann sollte ich mich beim Experimentieren zurückhalten und wann sollte ich mich aktiv in die Interaktion einbringen?
2. Wie kann ich so interagieren, dass ich das Kind in seinem Bildungsprozess möglichst gut unterstütze?
3. Wie kann ich das Experimentieren begleiten, ohne das Kind zu bevormunden, in seiner Eigentätigkeit auszubremsen oder Lösungen vorzugeben?

Praxisbeispiel: Der Wasser-Mehl-Versuch

Erzieherin Sina sitzt mit sieben Kindergartenkindern im Alter von 6 Jahren um einen Tisch herum. In der Mitte des Tisches sind zwei gleich große Schüsseln platziert. Eine enthält Wasser, die andere Mehl. Die Schüsseln sind zunächst zugedeckt. Sina deckt die Schüsseln auf.

Emma Da ist Wasser drin.
Emirhan … und Teig.
Luna Nein, das ist Mehl.

Sina erklärt, dass die Kinder eine Hand in die Wasserschüssel, die andere in die Schüssel mit Mehl legen sollen.

Emma Das Wasser ist kalt.
Mario Das Mehl ist ganz warm.
Liv Wasser ist flüssig. Es fühlt sich flüssig an.
Sertac … Mehl auch.
Mari Nein, Mehl nicht.
Emma Das Mehl ist weiß. Zum Kuchenbacken.
Luna Wir haben schon Plätzchen gebacken.

Sina bittet die Kinder, die Finger vorsichtig im Wasser und im Mehl zu bewegen.

Leonie Das Wasser fühlt sich flüssig an.
Emma Das Mehl bleibt an den Fingern kleben.
Emma Das Wasser fließt durch.
Sertac … flüssig
Mari Das Mehl bleibt zwischen den Fingern.
Liv Das Wasser nicht. Es ist überall.

Sina bittet die Kinder, die Hände aus dem Wasser und dem Mehl zu nehmen und an der Luft zu wedeln.

Emma Oh, die Hand – ganz kalt! Die Wasserhand! Die Mehlhand bleibt warm.
Mari Das Wasser geht in die Luft, das Mehl bleibt an der Hand.
Emma Das Mehl klebt an der Hand. Das Wasser ist weg.

Die Kinder wedeln mit den Händen und staunen.

Schritt für Schritt zum Erfolg: der Forschungskreis

Beim Experimentieren lernen die Kinder Wichtiges über Methoden und Vorgehensweisen von Forscherinnen und Forschern. Sie vollziehen den sogenannten Forschungskreis nach.

Auch wenn naturwissenschaftliche Forschung hochkomplex ist, entspricht der Prozess der Erkenntnisgewinnung bei der Beobachtung eines Vorgangs oder eines Phänomens in der Regel der folgenden Struktur:

1. Eine Frage an die Natur wird gestellt. Ein Phänomen wird beobachtet.
2. Ideen und Vermutungen werden gesammelt, Hypothesen zur Erklärung des Phänomens gebildet.
3. Die Fragestellung wird genau formuliert.
4. Ein Experiment wird geplant und eigenständig oder mit Anleitung durchgeführt.
5. Die Ergebnisse werden dokumentiert.
6. Die Ergebnisse werden diskutiert, ausgewertet und gedeutet.
7. Hat sich die Hypothese bestätigt, ist die Frage an die Natur beantwortet, endet der Zyklus. Bei Nichtbestätigung der Hypothese beginnt ein neuer Forschungskreislauf.

Forschen mit Kindern – So gelingt's!

Von der Demonstration zum freien Experimentieren

Experimentieren im Kindergarten ist kein Hexenwerk und kann auch von experimentell ungeübten Fachkräften durchgeführt werden. Trotzdem schadet ein bisschen Fachwissen in Ihrem pädagogischen Rucksack nicht. Hilfreich ist es, Zeit in die Planung des Experiments zu stecken. Das vermeidet Frustration sowohl bei Ihnen als auch bei den Kindern, vermindert das Risiko von Unfällen und Schäden und sorgt für einen reibungslosen Ablauf. Dieses Kapitel widmet sich dem Ablauf eines Experiments: von der Vorbereitung der Materialien über die Auswahl der Experimente bis hin zur abschließenden Dokumentation.

Forschen mit Kindern – So gelingt's!

Schritt 1: Ordnung ist das halbe Leben

Wenn Sie die für das Experimentieren notwendigen Materialien jedes Mal erst mühsam zusammensuchen und einkaufen müssen, lässt Ihre Bereitschaft zum Experimentieren mit der Zeit sicher schnell nach. Bewahren Sie daher die Utensilien doch in thematisch sortierten Behältern auf: Alle notwendigen Materialien für je ein Experiment warten in einer beschrifteten Schachtel oder Kunststoffbox auf ihren Einsatz – und können nach der Versuchsdurchführung gleich auf Vollständigkeit und Unversehrtheit überprüft werden. Sind die Materialien auf einer Zeichnung oder einem Foto außen an der Kiste abgebildet, können die Kinder nach dem Experiment den Inhalt auch selbst überprüfen. Auf diese Weise sind die Experimente jederzeit einsatzbereit, zum Beispiel wenn plötzlich eine Frage der Kinder auftaucht.

Verwenden Sie Materialien, die Sie im normalen Handel bekommen. Für die wenigen Ausnahmefälle (wenn z. B. besondere Gerätschaften und Materialien wie Magnete, Chemikalien, Glühbirnen, Batterien etc. benötigt werden) sollte im Fachhandel ein entsprechender Vorrat gekauft werden.

Schritt 2: Die Umgebung muss stimmen

Richtiges Experimentieren erfordert eine hohe Konzentration. Daher sollten Störfaktoren ausgeschaltet sein. Ein zu hoher Lärmpegel im Hintergrund kann die experimentierenden Kinder ablenken und im Einzelfall auch zu Unfällen führen. Wenn die räumlichen Gegebenheiten es zulassen, dann sollte eine Experimentiergruppe in einem separaten Raum (Kapitel 3) arbeiten können. In einer aufgeräumten Umgebung können die Kinder besser bei der Sache bleiben. Grenzen Sie das Experimentierfeld hierfür am besten optisch ab – zum Beispiel mit abwaschbaren einfarbigen Tischdecken oder Tischuntersetzern. So lenkt man die Aufmerksamkeit der Kinder geschickt auf die wesentlichen Dinge. In der Fachdidaktik wird dies das *Gesetz des Figur-Grund-Kontrastes* genannt. Außerdem hilft es den Kindern dabei, Ordnung zu halten und gebrauchte Materialien gleich wegzuräumen.

Schritt 3: Die Kinder stehen in den Startlöchern

Meistens wollen Kinder direkt loslegen! Doch ohne eine ausführliche Einführung in die sachgerechte Nutzung der Materialien sowie in Ablauf und Ziele des Versuchs kann es leicht zu chaotischen Verhältnissen beim Experimentieren kommen.

Zuerst lernen die Kinder die Materialien zum Forschen kennen. Unbekannte Begriffe werden geklärt. Anschließend beschreiben sich die Kinder in der Kleingruppe gegenseitig, was gemacht werden soll. Das schult nicht nur ihre sprachlichen Fähigkeiten, sondern auch ihr Vorstellungsvermögen und ihr Gedächtnis. Korrigieren Sie vorsichtig, wenn falsche Bezeichnungen verwendet werden. Natürlich können hier auch Bild- und Textkarten eingesetzt werden. Fragen und Vermutungen werden in der Gruppe besprochen. Eine besondere Bedeutung hat der Hinweis auf mögliche Gefahren. Auf genaues Beobachten muss Wert gelegt werden! Dabei sollen die Kinder verstehen, dass Beobachtung und Vermutung zweierlei Dinge sind. Das sachgerechte Aufräumen der Geräte und der Materialien wird besprochen und gehört selbstverständlich dazu.

Eine Übersicht über die Experimentierregeln in Bildform finden Sie im Anhang.

Betrachten, Beobachten und Beschreiben sind grundlegende Methoden beim Experimentieren: Beim Betrachten werden Gestalt, Form und Aussehen eines ruhenden Objekts bewusst erfasst. Beim **Beobachten** werden Vorgänge und Abläufe systematisch wahrgenommen. Beim **Beschreiben** werden Betrachtungen und Beobachtungen in Worten (gesprochen oder schriftlich) wiedergegeben und/oder Skizzen dazu erstellt.

Kinder fügen ihren Beschreibungen oft **Vermutungen** hinzu: Dinge, die sie nicht beobachtet haben, die sie annehmen oder die sie einfach glauben. Diese Vorstellungen oder **Hypothesen** müssen strikt von den Beobachtungen getrennt werden. Ideen zu entwickeln ist natürlich immer erwünscht – aber erst das Experiment gibt die naturwissenschaftlich korrekte Antwort.

Schritt 4: Die Wahl des richtigen Experiments

Das Internet ist voll mit Experimentieranleitungen und Versuchsideen. Aber Vorsicht! Nicht alles ist für die Zielgruppe der Drei- bis Sechsjährigen geeignet. Und nicht alle dargestellten Ergebnisse stellen sich beim Nachmachen auch so wie abgebildet ein. Prüfen Sie bitte unbedingt, ob die Versuche auch ungefährlich sind.

Ein weiteres Kriterium zur Auswahl eines Experiments ist, ob die Kinder dieser Altersstufe den Sachverhalt wirklich verstehen können. Es gibt eine große Zahl von Experimenten, die zwar mit relativ einfachen Mitteln durchzuführen sind und die Kinder in großes Erstaunen versetzen, die dahinterstehenden Sachzusammenhänge sind jedoch für Kindergartenkinder oft viel zu komplex. „Zauberexperimente", die den Kindern nicht erklärt werden können, sind für das Experimentieren im Kindergarten nicht geeignet.

Experimente mit Geling-Garantie

Die Versuche sollten möglichst immer gelingen, ganz besonders dann, wenn man mit dem Experimentieren beginnt. Starten Sie daher mit einfachen Experimenten: wenige Schritte, wenige Materialien, einfachste Bedingungen, bekannte Gegenstände. Wenn möglich, sollten die Versuche einen Bezug zum Alltag der Kinder aufweisen. Werden dabei auch Alltagsmaterialien verwendet, können die kleinen Forscherinnen und Forscher die Versuche zu Hause ihren Eltern vorführen.

Es ist ratsam, alle Experimente vor dem Einsatz selbst mehrmals durchgeführt zu haben. Damit bekommen Sie Sicherheit und können den Kindern bei Problemen helfen. Für die Abschätzung des zeitlichen Bedarfs eines Experiments und der notwendigen Schrittfolge ist die genaue Kenntnis des Experimentierablaufs unverzichtbar.

Die Aufmerksamkeit eines Kindergartenkindes wird überstrapaziert, wenn das Experiment mehr als 15 Minuten benötigt. Planen Sie dabei auch genügend Zeit ein, dass die Kinder ihre Versuche noch dokumentieren können, zum Beispiel mit einer Zeichnung oder einem Foto.

Äußere Anlässe sind hervorragende Gelegenheiten, naturwissenschaftliche und technische Fragestellungen zu klären und experimentell nachzuprüfen. Zum Beispiel:

- Es regnet: Die Kinder sehen, dass die Tropfen in Pfützen Kreise erzeugen und diese sich zu interessanten Mustern überlagern. In einer flachen Schüssel oder auf einem Kunststofftablett lassen sich diese kreisförmigen Wellenausbreitungen untersuchen.
- Ein Apfel wird an der Bissstelle braun: Die Kinder können untersuchen, ob diese Braunfärbung vermieden werden kann (mit verschiedenen Flüssigkeiten wie Zitronensaft, Salatöl, Milch, Tee, Essig usw. bestreichen). Eine ganze Versuchsreihe entwickelt sich.
- Eine Weihnachtspyramide dreht sich: Welches physikalische Phänomen steht dahinter? Können wir das nachstellen?

Schritt 5: Das methodische Vorgehen

Experimente gibt es unzählige – und so auch die Methoden, wie Sie das Forschen mit den Kindern angehen: Von Show-Experimenten über geführte Versuche bis hin zum freien Forschen stehen Ihnen alle Wege offen. Aber eines gilt immer: Für Kinder sind Experimente ein großes Erlebnis. Wählen Sie einen geeigneten Zeitpunkt dafür aus und lassen Sie den Kindern genügend Zeit zum Erleben. Eine zu kurz bemessene Zeitspanne führt nicht nur zur Unzufriedenheit aller Beteiligten, sondern kann auch einen geringeren Lernerfolg mit sich bringen.

Show-Experimente

Bei Chemieversuchen grenzt man aus fachdidaktischer Sicht Demonstrationsexperimente mit Show-Charakter von reinen Show-Experimenten ab. Show-Experimente, wie es der Name schon sagt, dienen der reinen Show, sie sind faszinierend und fesseln das Interesse. Sie können meist von den Kindern nicht durchschaut werden und werden häufig als Zaubertricks verkauft. Dosiert eingesetzt, haben sie durchaus ihre Berechtigung, um Interesse zu generieren.

Demonstrationsexperimente

Ein Demonstrationsexperiment, das durchaus Show-Charakter haben kann, wird nur von Ihnen durchgeführt, die Kinder schauen zu, staunen oder stellen Fragen. Sie können diese Show-Versuche mit Storytelling (Kapitel 4) kombinieren. Experimentieren Sie parallel zur Geschichte und wecken Sie dabei das Interesse der Kinder. Didaktisch am richtigen Ort eingesetzt, können Demonstrationsexperimente in die Eigenaktivität der Kinder münden, die im Anschluss das dargestellte Problem selbstständig experimentell lösen wollen.

Rezeptforschen

Die Kinder forschen und experimentieren unter Ihrer Anleitung. Auch wenn es das Ziel sein sollte, dass die Kinder möglichst viele Versuche allein und selbstständig durchführen, ist für den Anfang eine persönliche Anleitung angeraten. Manche Chemieversuche etwa erfordern eine enge Führung. Dieses „Rezeptforschen" führt mit instruktiven Elementen an die naturwissenschaftlichen Phänomene heran. Dabei erklären Sie den Versuch, die Kinder experimentieren Schritt für Schritt gemeinsam mit Ihnen. Sie sind Vorbereiter, Vorplaner, Vordenker – den Kindern bleibt wenig kreativer Spielraum. Trotzdem sollte auch diese Experimentierform in Ihrem Alltag Platz finden.

Forschen mit Anleitung

Die Kinder experimentieren mit schriftlicher Anleitung. Die einzelnen Schritte werden mittels Bildkarten oder Piktogrammen beschrieben, an denen sich die Kinder orientieren können. Auch hier ist jeder Arbeitsschritt geplant, Sie selbst treten aber mehr in den Hintergrund. Gibt es fertige Experimentier-Boxen, die das entsprechende Material enthalten, können die Kinder frei damit experimentieren.

Freies Forschen

Das freie Forschen ist sicher die Königsform des Experimentierens im Kindergarten. Freies Experimentieren lässt die Kinder ihre eigene Kreativität entfalten, persönliche Ideen einbringen und ihre manuellen Fertigkeiten weiterentwickeln. Nicht alle Themengebiete eignen sich gleichermaßen, weil Gefahrenaspekte berücksichtigt werden müssen. Magnetismus ist eher geeignet als freies Experimentieren mit manchen chemischen Substanzen oder Strom. Viele Kinder werden beim freien Experimentieren nicht gleich planvoll und zielgerichtet vorgehen. In der Anfangsphase dominiert sehr oft das Spielen mit den Materialien. Diese sind vielfältig vorhanden und erlauben fast jedes – sofern ungefährliches – Vorgehen. Hier erfahren die Kinder, welche Eigenschaften die vorhandenen Stoffe und Geräte haben (Gewicht, Material, Maße, Beschaffenheit). Es entwickeln sich erste Ideen. Auch beim freien Forschen sind Sie gefordert. Sie bringen zwar keine Lösungsvorschläge ein, stehen aber beratend und ermutigend zur Seite. Irrwege sind ausdrücklich erwünscht. Begeben Sie sich gemeinsam mit den Kindern auf die naturwissenschaftliche Reise.

Beim freien Forschen wecken oder begleiten Sie die Neugier der Kinder und helfen ihnen, Fragen an die Natur zu formulieren. Sie gehen mit auf dem von den Kindern gewählten Weg und zeigen ihnen nur, wo sie Informationen finden oder Erklärungen suchen können. Gemeinsam mit dem Kind versuchen Sie, Schwierigkeiten zu überwinden.

Schritt 6: Die richtigen Fragen und die passenden Antworten

Der Königsweg des Fragens und Antwortens liegt beim Kind. Wenn Erklärungen von Ihnen gewünscht oder erforderlich sind, knüpfen Sie an Dinge an, die das Kind bereits kennt. Im Alltag selbst entdeckte Phänomene werden so aufmerksamer beobachtet und erforscht. Sprachliche Fähigkeiten werden gestärkt, wenn die Kinder ihre eigenen Erfahrungen schildern können. Auch hilft die „Beseelung“ der unbelebten Natur den Kindern, Sachverhalte zu verstehen und länger zu behalten. Man spricht von *Animismus*. Kinder tendieren dazu, der unbelebten Welt Leben und Bewusstsein zuzusprechen. Auch in der Sprache der Erwachsenen haben sich solche animistischen Deutungen bewahrt. So „lacht die Sonne“ und „der Motor streikt“. Animismen widersprechen dem späteren naturwissenschaftlichen Verständnis nicht, sondern helfen den Kindern, für sie verständliche Erklärungsmuster zu bilden.

Machen Sie Ihr pädagogisches Handeln transparent

Dokumentieren Sie Ihr Forschen mit Fotos oder Videos. Die Kinder können Ergebnisse und Eindrücke zeichnen. Informieren Sie die Eltern z. B. per Elternbrief, dass Sie mit den Kindern experimentieren. Ein Aushang oder eine Plakatwand zeigen die Ergebnisse Ihrer gemeinsamen Forschungen.

V1 Zitronenschutzengel

Kinder im Vorschulalter halten Gegenstände für lebendig und weisen ihnen menschliche Eigenschaften zu. Bei diesem Versuch nutzen Sie das Phänomen des *Animismus*, den Glauben, dass Objekte lebensechte Eigenschaften haben, als Vermittlungsmedium für den Prozess der Oxidation.

Was brauchen Sie dazu?

- 1 Apfel
- 2 Teller oder Glasschalen
- 1 Zitrone
- 1 Messer

So wird's gemacht

1. Sie schneiden den Apfel und die Zitrone durch. Vom Apfel brauchen Sie nur zwei Stücke.
2. Jeweils ein Stück Apfel wird in eine Glasschale gelegt.
3. Auf das eine Stück tropfen die Kinder etwas Zitronensaft.
4. Das andere Apfelstück bleibt ohne Zitronensaft.
5. Dann lassen Sie die beiden Stücke einige Zeit (mindestens eine Stunde) stehen.
6. Anschließend vergleichen Sie die beiden Apfelstücke miteinander.

Das sieht man

Der Apfelschnitz, der mit Zitronensaft beträufelt wurde, verändert die Farbe kaum. Der andere Apfelschnitz wird schrumpelig und braun. Die Kinder können aufmalen, was mit den Apfelstücken passiert ist.

Ihr fachwissenschaftlicher Rucksack

Wird ein Apfel aufgeschnitten, so werden auch die Zellen des Fruchtfleischs beschädigt und geöffnet. Dadurch tritt Luftsauerstoff an die Zellen. Es findet eine Oxidation statt. Der unbehandelte Apfel wird braun. Für die langsamere Braunfärbung bei den mit Zitronensaft beträufelten Apfelspalten ist das in der Zitrone vorkommende Vitamin C (Ascorbinsäure) verantwortlich. Ascorbinsäure verhindert die beschriebene Oxidationsreaktion.

Hereinspaziert in unsere Forscherwerkstatt!

Den Raum für Experimente vorbereiten

Forscherwerkstätten sind Räume, die die Kinder durch ihre anregende Umgebung und Ausstattung zum Forschen, Fragen, Erfinden, Staunen und Welterkunden motivieren. Sie bieten Impulse für individuelle und gemeinschaftliche Prozesse. Eine Forscherwerkstatt kann ein ganzer Raum oder aber auch nur eine Ecke sein. Der Forscherraum wird nie fertig sein, da er sich mit den Themen und Fragen der Kinder weiterentwickelt und ständig verändert. Gerade wenn es um die Einrichtung von Forscherwerkstätten geht, spielt das Prinzip des Raumes als dritter Erzieher, das aus der Reggio-Pädagogik stammt, eine wichtige Rolle.

Hereinspaziert in unsere Forscherwerkstatt!

Einrichtung und Material

Da die Kindesinteressen im Vordergrund stehen, ist es natürlich sinnvoll, sie bei der Gestaltung des Forscherraumes mit einzubeziehen (siehe S. 28). Was wollen wir erforschen?

- Welche Materialien brauchen wir unbedingt?
- Wer kann welche Dinge von zu Hause mitbringen?
- Wo sollen die Lieblingsobjekte platziert werden?
- Wie soll die Beschriftung bzw. die Bebilderung aussehen?
- Was können die Kinder dazu beitragen?

Forscherwerkstätten sind nicht statisch

Forscherwerkstätten richten sich nach den aktuellen Fragen der Kinder. Es wechseln sich chemische, mathematische, technische, biologische und physikalische Themen ab – entsprechend ändert sich auch das Material in der Forscherwerkstatt. Dadurch bleibt es für die Kinder spannend: Es gibt immer wieder neue Werkzeuge und Materialien zu entdecken!

Forscherwerkstatt: Grundausstattung

- großer Raum mit Tageslicht
- robuster, abwaschbarer Fußboden
- Waschbecken
- 4–6 abwaschbare Arbeitstische
- Regale
- transparente Kisten für Material wie Geräte, Werkzeuge, Chemikalien
- Material zum Dokumentieren
- Pinnwand

Ästhetik und Präsentation

Geräte und Materialien werden als sinnliche und haptische Impulse genutzt, um die Neugier und das forschende Lernen zu stärken. Im Sinne von Montessori wird eine vorbereitete Umgebung gestaltet, die offen und leicht zugänglich ist und einen hohen Aufforderungscharakter hat. Die Ästhetik der Präsentation ist zugleich Handlungsmotivation und Aufforderung, mit Geräten und Materialien sorgfältig umzugehen.

Diskutieren Sie im Team

Was wollen wir? Feste Forscherzeiten für die Gruppe, z. B. ein „Forscher-Freitag" oder „Mitmach-Montag", oder permanente Verfügbarkeit der Versuche in der Forscherwerkstatt? Wie müssen wir das Material danach aussuchen?

Experimentieren mit Alltagsstoffen

Im Kindergarten werden bei allen Versuchen Alltagsstoffe verwendet: Mit Zucker und Salz lässt sich herrlich experimentieren. Auch Essig, Öl und Mehl lassen sich gefahrlos verwenden. Vieles, was Sie zum ersten Experimentieren mit den Kindern brauchen, finden Sie im Haushalt, im Garten oder in der Garage.

Sind Sie schon Experimentierprofi und wagen sich an größere Vorhaben heran, ist der Weg zur Apotheke immer eine gute Idee.

Hier können Sie reine Chemikalien (Citronensäure, Natron) oder Chemiegeräte wie Reagenzgläser,

Checkliste: Materialien in der Forscherwerkstatt

Das ausgewählte Material sollte …

- Interesse wecken.
- ästhetisch und motivierend sein.
- Aufforderungscharakter besitzen.
- zur Selbsttätigkeit anregen.
- zum Handeln treiben.
- sachlich und fachlich richtig sein.
- didaktisch führen.
- Selbstkontrolle und Selbstkorrektur ermöglichen.
- alternative Lern- und Lösungswege anbieten.
- vom Konkreten zum Abstrakten führen.
- problemlösendes Denken fördern.
- Kommunikation und Kooperation ermöglichen.
- die Sinne schulen.
- Kreativität fördern.
- in zeitlich angemessenem Rahmen zu bearbeiten sein.
- Wiederholungen erlauben.
- in der Fülle nicht zu verwirrend sein.

Pipetten, Messzylinder, kurz alles, was auch im „richtigen" Labor Anwendung findet, bestellen. Sicher füllt man Ihnen die Chemikalien in kleine, für Kinder handlichere Portionen ab, beschriftet sie vorschriftsmäßig und gibt Ihnen auch ein eventuelles Verfallsdatum an.

Die Lagerung der Stoffe sollte so erfolgen, dass klar ist, dass es sich um Materialien für naturwissenschaftliche Versuche handelt. In der Forscher-Ecke stehen Chemikalien und Geräte für Chemie-Versuche in Regalen oder Kisten, die für die Kinder nicht zugänglich sind!

Warum das Binokular dem Mikroskop vorzuziehen ist

Ein Binokular ist ein optisches Instrument, welches das Betrachten eines Gegenstandes mit beiden Augen gleichzeitig – und damit einen plastischen, dreidimensionalen Tiefeneindruck – ermöglicht. Als Binokulare bezeichnet man Feldstecher und Operngläser sowie Stereomikroskope. Binokulare Stereomikroskope erlauben es, mit vier- bis vierzigfacher Vergrößerung Lebendbeobachtungen, Präparations- und Sortierarbeiten durchzuführen. Damit sind sie dem Mikroskop, das zwar bis zu 400-fach vergrößert, aber sehr viel größere feinmotorische Fähigkeiten verlangt, überlegen. Kinder können Objekte sofort unter das Binokular legen und betrachten, ohne z. B. Feinschnitte anfertigen zu müssen. Ein sinnvolles Arbeiten mit dem Mikroskop wird von Didaktikern erst mit älteren Kindern (ab 10 Jahren) empfohlen. Stereomikroskope werden auch *Binokulare* oder kurz „Binos" genannt. Binokulare sind ab 200 € im Fachhandel erhältlich.

Die Forscherzeit

Bei Kindern zwischen fünf bis sieben Jahren liegt die Konzentrationsfähigkeit bei durchschnittlich etwa 15 Minuten. Planen Sie also maximal 10 bis 15 Minuten für ein Experiment ein. Viele im Internet angebotenen Versuche gehen weit über diese Zeit hinaus. Das werden Sie beim vorher durchgeführten Probeversuch schnell feststellen.

Sorgen Sie für eine ruhige Atmosphäre, in der sich die Kinder ohne Zeitdruck dem Phänomen nähern können. Kurz bevor die Kinder abgeholt werden, essen oder sonstige Termine wahrnehmen, ist ein Experiment fehl am Platz.

Ermöglichen Sie ausreichend Kommunikation untereinander und mit Ihnen. Sie kennen Ihre Kinder am besten, so vermeiden Sie Über- oder Unterforderung. Planen Sie Wiederholungsmöglichkeiten ein, vielleicht kann Ihr Versuch mit Materialien in der Forscherecke verknüpft, erweitert oder vertieft werden.

Bevor es losgeht:

- Wiederholen Sie die Experimentierregeln. Alternativ hängen Sie Plakate zum Ablauf auf.
- Jedes Kind experimentiert selbst.
- Geräte und Materialien werden korrekt benannt, kein „Dings da".
- Fragen zum Experimentablauf werden gleich geklärt.
- Zwischen Beobachtung und Auswertung wird unterschieden.

Ein Blick auf die Experimentierfläche

Beim gemeinsamen Experimentieren sitzen maximal vier Kinder um einen Tisch herum. Jedes Kind hat – wenn möglich – ein optisch begrenztes Experimentierfeld zur Verfügung. Beginnen Sie mit nur einem in sich geschlossenen Experiment. Sorgen Sie für eine aufgeräumte Umgebung, in der die Materialien übersichtlich angeordnet sind.

Alternativ bieten sich thematisch bestückte Tische an: Dort kann z. B. gewogen und gemessen werden. Die Kinder können mit Hilfsmitteln in die Welt der kleinen Wunder reisen: Es kann sich alles um Magnetismus, Licht und Schatten oder Farben drehen und vieles mehr.

Beispiel für einen Thementisch „Reise in die Welt der kleinen Wunder"

- verschiedene Lupen (Stiellupen, Tischlupen, Standlupen, Leuchtlupen, Becherlupen …)
- Gefäße zum Sammeln geeigneter Objekte (Hier bieten sich transparente Visitenkartenhüllen oder kleine Münzdöschen an.)
- Pinzetten
- Objektträger
- trockene Objekte (z. B. biologisch: Blätter, Insektenflügel; chemisch: kristalline Stoffe oder Mineralien)

Rituale in der Forscherwerkstatt

Je kleiner die Kinder sind, desto wichtiger sind Rituale. Dies betrifft besonders die Anfangs- und Endsituation. Viele Fachkräfte setzen sich zuerst gemeinsam mit den Kindern im Kreis zusammen, begrüßen sich und sagen, was und mit wem sie heute gerne forschen möchten.

Einige Fachkräfte beginnen diesen Begrüßungskreis mit einem Gong oder einer Handpuppe. Diese kann an die letzte Forscherzeit erinnern, Ergebnisse zusammenfassen oder das heutige Vorgehen mit den Kindern besprechen. Die Handpuppe kann auch gut beim Vorführexperiment eingesetzt werden. Alternativ reichen Sie ein „Staun-Objekt", z. B. ein ungewöhnliches Blatt oder ein Stück Schlangenhaut herum und leiten so das Forschen ein.

Zur Ausrüstung gehören auch Laborkittel und Schutzbrille. Beide machen über ihre Schutzfunktion hinaus deutlich, dass beim Forschen besondere Spielregeln und Verhaltensvorschriften eingehalten werden müssen. Darüber hinaus schlüpfen Kindergartenkinder gerne in Rollen. Sie *sind* die Forscher:innen und *leben* die Versuche. Und dabei lernen sie eine ganze Menge. Sponsoren helfen Ihnen sicher bei der Anschaffung. Notfalls tut es auch ein weißes T-Shirt. Einmalhandschuhe können, müssen aber nicht den Kontakt der Kinder mit den Stoffen verhindern. Allergien treten immer häufiger auf.

Unsere Forscherregeln

1. Wir essen nur außerhalb des Forscherraums oder der Forscheraktivität.
2. Wir experimentieren nur mit Feuer, wenn eine pädagogische Fachkraft dabei ist.
3. Wir respektieren die Arbeiten der anderen.
4. Wir hören einander zu.
5. Wir helfen uns gegenseitig.
6. Wir gehen achtsam mit den Materialien um.
7. Wir räumen unseren Arbeitsplatz auf.
8. Wir waschen unsere Hände nach dem Forschen.

Nach dem Forschen ist noch lange nicht Schluss

Haben die Kinder ohne Sie geforscht, wollen sie in der Regel zuerst einmal erzählen. Wiederholen Sie mit den Kindern neu gelernte Begriffe, Fachwörter und fassen Sie gemeinsam die Beobachtungen und Ergebnisse zusammen. Bietet sich die Möglichkeit zum Transfer? Wo können die Kinder ihre neu gewonnenen Erkenntnisse anwenden? Weisen Sie immer wieder darauf hin, dass Vermutung und Beobachtung voneinander getrennt werden müssen. Ergeben sich neue Forscherfragen? Dann kündigen Sie weitere Versuche an. In der Zwischenzeit kann natürlich in der Forscherwerkstatt weitergeforscht werden.

> „Der einfachste Versuch, den man selbst durchführt, ist besser als der schönste Versuch, den man nur sieht!"
>
> Michael Faraday 1791–1867,
> englischer Naturforscher & Experimentalphysiker

4

Storytelling in der Kita

Naturwissenschaft für Kinder in Szene setzen

Kinder hören gerne Geschichten und Märchen: Sie sind leicht zu verstehen und polarisieren Gut und Böse. Die Zuhörer:innen sehen – bei anschaulicher Erzählweise – die Bilder der Geschichte vor Augen, leben und erleben mit, bekommen Gefühle und Stimmungen vermittelt. Das „Kino im Kopf" springt an. Das können Sie für die Inhalte naturwissenschaftlicher Art, die mit einer Geschichte transportiert werden, nutzen.

Storytelling in der Kita

Geschichten aus der Naturwissenschaft

Wir erinnern uns an das lebendige Erzählen einer Geschichte, wenn wir die Bilder quasi vor den eigenen Augen sehen und die Stimmungen der Protagonisten mitempfinden können. Auch sind wir besonders berührt, wenn die Erzählenden über eigene Erlebnisse mit emotionalem Inhalt berichten. Geschichten haben eine Botschaft und sprechen eine anschauliche Sprache. Sie zielen nicht nur auf den Verstand, sondern auch auf das Gefühl. Geschichten und Märchen kann man nicht nur hören, sondern auch „miterleben". Gemeinsam ist allen Arten von Geschichten, dass sie konkrete Vorstellungen hervorrufen, die nicht nur den Verstand, sondern auch das Gefühl ansprechen und neue Denk- und Handlungsmöglichkeiten aufzeigen. Kinder beschäftigen sich auch im Nachhinein mit dem Inhalt von Geschichten, behalten diesen oft über lange Zeit.

Was ist Storytelling?

Das Storytelling geht über den Ansatz des reinen Erzählens hinaus. Diese Methode setzt Erzählen und Zuhören ein, um konkretes Wissen aufzubauen. Storytelling verfolgt somit das Ziel, Interesse am Inhalt zu wecken und neben inhaltlichen Informationen auch eine Fragehaltung der Zuhörer zu stimulieren.

Verbreitet ist dieser Ansatz bisher vor allem im englischen Sprachraum. In Deutschland ist Storytelling noch nicht sehr bekannt. Einige Erfahrungen zu Storytelling gibt es in Unternehmen als Methode zur Problemlösung.

Ein wichtiges Prinzip beim Storytelling ist es, die Zuhörenden in die Geschichte mit einzubeziehen. Sie *erleben* so die Geschichte und hören sie nicht nur. Zusätzlich werden Gegenstände, Experimente o. Ä. in die Geschichte mit eingebettet. Beim Storytelling verbindet die Geschichte das emotionale Erleben mit dem Lernprozess und hilft dadurch, nachhaltig Wissen aufzubauen.

Storytelling – Lieferservice für Wissen

Beim normalen Erzählen von Geschichten fördern Sie das Zuhörenkönnen und die Konzentration der Kinder. Durch Storytelling schulen Sie zusätzlich die Sinneswahrnehmungen der Kinder: Bilder müssen im Kopf, Geräusche in den Ohren, Geschmack auf der Zunge und Gerüche in der Nase wahrgenommen werden.

Die Veranschaulichung von Fakten durch Schlüsselwörter oder Aufhänger wie mitgebrachte Gegenstände setzen Erzählungen mit großer Intensität in Gang. Storytelling kann als Einstieg in ein naturwissenschaftliches Thema dienen. Hierzu können bereits die entsprechenden fachlichen Begriffe zum Thema verwendet werden. Auch schon erarbeitetes Wissen kann mittels Storytelling dargestellt, wiederholt und verknüpft werden.

Die Story muss möglichst an den Vorstellungen der Kinder anknüpfen und versuchen, diese zu verfügbarem Wissen weiterzuentwickeln. Außerdem sollte der Lerninhalt in die aktuelle Umwelt der Kinder eingewoben werden. Aber auch Märchen dienen als gutes Vehikel, Wissen zu vermitteln.

So meistern Sie das Storytelling

Geschichtenerzählen ist eine spontane Tätigkeit, die meist ganz nebenbei, ohne große Mühe geschieht. Auch Storytelling hört sich zunächst ganz einfach an – ist es aber nicht. Den meisten Fachkräften fehlt es noch an konkreten Hilfen zur praktischen Umsetzung und zu nachvollziehbaren Beispielen.

Hierzu ein paar Tipps: Sie sollten selbst gerne lesen und sich so Geschichten aneignen. Seien Sie risikobereit und klopfen Sie wissenschaftliche Inhalte auf die Möglichkeit ab, diese in eine Geschichte einzubetten. Vereinfachen Sie die komplizierteren Sachverhalte und versuchen Sie, naturwissenschaftliche Inhalte mit den Augen Ihrer Kinder zu sehen. Seien Sie bereit, sich selbst zu präsentieren, bedenken Sie aber, dass nicht jede Geschichte auch zu Ihnen passt. Üben Sie Geschichten ein, legen Sie sich ein Repertoire an auch inhaltlich guten Storys an.

Story in der Box

Legen Sie sich eine Storytelling-Box zu. Das ist eine Kiste, in der Gegenstände aufbewahrt werden, die als Aufhänger und zur Veranschaulichung für Ihre Geschichten dienen. Handpuppen oder Gegenstände können helfen, Ihre Geschichte zu transportieren. So werden Utensilien, die in den Mitmachgeschichten vorkommen, überraschend aus dieser Box „gezaubert" oder dürfen durch Tasten, Riechen oder Schmecken erlebt werden. Ihre Story kann auch in eine offene Frage münden, deren Antwort nur mithilfe eines Experiments gefunden werden kann.

Nutzen Sie Ihre Mimik und Gestik, um Inhalte zu transportieren, und beziehen Sie Ihr junges Publikum so oft wie möglich aktiv in die Handlung der Geschichte mit ein. So wird Storytelling zu spannenden Mitmachgeschichten mit naturwissenschaftlichem Lerneffekt! Im Folgenden finden Sie zwei Beispiele für naturwissenschaftliches Storytelling.

Story Die Zuckersonne

Es war einmal eine wunderschöne Prinzessin. Sie wollte heiraten, war aber sehr wählerisch. Kein Prinz, der um ihre Hand anhielt, gefiel ihr. Als eines Abends eine große Festveranstaltung im Schloss stattfand, rief sie laut in die Runde: „Ich heirate denjenigen, der mir die Sonne in den Ballsaal zaubert!" Es wurde totenstill im Saal. Niemand traute sich, etwas zu sagen oder zu unternehmen. Plötzlich trat ein hübscher junger Prinz vor und sprach mit lauter Stimme: „Ich nehme die Herausforderung an! Man reiche mir einen flachen Teller, etwas Wasser, ein Stück Würfelzucker und etwas Lebensmittelfarbe." Die Festgesellschaft brach in Gelächter aus. Daraus wollte der Prinz eine Sonne zaubern? Er goss etwas Wasser in den flachen Teller, beträufelte das Stück Würfelzucker mit Lebensmittelfarbe und legte es mitten in den Teller. Die Festgesellschaft hielt den Atem an. Und plötzlich … Die Prinzessin lief auf den Prinzen zu, umarmte ihn und rief: „Du sollst mein Ehemann werden." Die beiden hielten kurz darauf Hochzeit und waren glücklich ihr ganzes Leben lang.

Das sieht man

Der Zucker zerfällt. Um ihn herum bilden sich farbige Strahlen zum Tellerrand hin, die an eine Sonne erinnern. Sie sind am Anfang in der Nähe des Zuckers farbintensiver als in Richtung des Tellerrandes.

Ihr fachwissenschaftlicher Rucksack

Der Würfelzucker saugt sich voll Wasser, zerfällt und löst sich langsam auf. Er wird im Wasser in kleine, für das menschliche Auge nicht mehr sichtbare Wasserteilchen, die H_2O-Moleküle, zerlegt. Die Lebensmittelfarbe sehen wir nach wie vor. Sie befindet sich zunächst konzentriert im Würfelzucker. Beim Lösungsvorgang verteilen sich die Farbstoffteilchen im Wasser. Man spricht in der Chemie von *Diffusion*. Das ist die selbstständige Durchmischung von Teilchen verschiedener Stoffe, um Konzentrationsunterschiede auszugleichen. Deshalb „wandert" der Zucker im Wasser, bis er gleichmäßig verteilt ist. Und die „huckepack" auf ihm sitzenden Farbteilchen wandern mit.

Fragen & Antworten

Macht es einen Unterschied, ob man warmes oder kaltes Wasser verwendet?

Mit zunehmender Temperatur bewegen sich die kleinen Teilchen immer schneller. Im warmen Wasser verteilen sich die Teilchen schneller als in kaltem Wasser.

Verteilt sich so auch Zucker im Tee?

Dasselbe sehen wir auch beim Teekochen: Hängt man einen Teebeutel in kaltes Wasser, dauert es ewig, bis sich die Teewirkstoffe lösen und verteilen. Zucker löst sich in heißen Getränken viel schneller auf als in kalten. Nachhelfen kann man mit einem Löffel zum Umrühren. Das setzt die Moleküle auch in Bewegung.

Story Die Rosinen machen einen Ausflug

Tief in den Weinbergen lebte eine schrumpelige Rosinenfamilie. Besonders gerne rollten und kullerten die Rosinenkinder durch die Weinberge und gingen auf Entdeckungstour. Eines Tages hörten sie, dass in der Nähe ein Jahrmarkt Station gemacht hatte. Sie fassten den Entschluss hinzugehen. Schon von weitem sahen die Rosinenkinder zwei große Schwimmbecken. (Stellen Sie zwei hohe Bechergläser gefüllt mit jeweils Leitungswasser und Sprudel auf den Tisch.)
Sie rannten los und kauften Tickets für beide Becken. Eine Gruppe kletterte in das linke Becken und ließ sich lachend hineinplumpsen. (Rosinen in Becherglas mit Leitungswasser fallen lassen.)
Nach ein paar Minuten meinte Rosina, ein schlaues Rosinenmädchen: „Hmm, eigentlich ist das langweilig. Vielleicht passiert im zweiten Becken mehr."
Die anderen Rosinenkinder hatten mittlerweile das zweite Becken erklommen und waren mit Schwung ins Wasser gesprungen. (Rosinen in Becherglas mit Sprudel fallen lassen.) Ja, was war das denn? Hier ging ja die Post ab! Es bildete sich sofort ein Kreis staunender Rosinenkinder um das zweite Becken. Alle beobachteten mit offenem Mund das Schauspiel. Rosina, das schlaue Rosinenmädchen, lächelte und meinte: „Ich glaube, ich weiß, warum das passiert. Ihr müsst nur genau hinschauen!" (Lupen austeilen.)

Das sieht man

Bläschen lagern sich an den Rosinen an und tragen diese – wie eine Schwimmweste – an die Wasseroberfläche. Dort entweichen die Bläschen in die Luft und die Rosinen sinken aufgrund ihres Gewichts wieder nach unten. Auf dem Weg zum Glasboden lagern sich erneut Bläschen an und die Rosinen steigen wieder nach oben.

Ihr fachwissenschaftlicher Rucksack

Sprudel, auch Mineralwasser genannt, ist chemisch gesehen ein Gemisch aus verschiedenen Stoffen: Wasser, gelöste Salze (Mineralien wie Calcium- oder Magnesiumionen), Kohlensäure und Kohlenstoffdioxid (CO_2). Die Bestandteile sieht man im klaren Wasser nicht. Durch Eindampfen oder Verdunsten können die gelösten Fettstoffe, die Mineralsalze, wieder gewonnen werden. Beim Öffnen der Flasche hört man das charakteristische Zischen: das gasförmige Kohlenstoffdioxid (CO_2) entweicht. Fälschlicherweise wird immer wieder gesagt, die Kohlensäure entweiche. Diese ist im Wasser gelöst und nicht sichtbar – sorgt aber für den säuerlichen Geschmack des Sprudels.

Fragen & Antworten

Warum kann die Rosine an der Oberfläche schwimmen oder abtauchen?
Die Rosine hat eine stark gefurchte Oberfläche. Dort können sich die Bläschen besonders gut anlagern.

Warum hört das Auf- und Absteigen irgendwann auf?
Nach einiger Zeit ist das CO_2 aus dem Mineralwasser entfernt und der Vorgang hört auf.

Geht das auch mit anderen Dingen als mit Rosinen?
Hier sind Ihrer Fantasie und der Ihrer Kinder keine Grenzen gesetzt. Versuchen Sie auch andere Gegenstände ins Sprudelwasser zu werfen: Nudeln, Perlen, Knöpfe. Beobachten Sie, wie diese sich verhalten: Sind sie zu schwer oder zu leicht? Haben sie eine ausreichend strukturierte Oberfläche, an der sich die Bläschen festsetzen können?

Hier stimmt die Chemie!

Auf einen Abstecher ins Labor

Chemie – das klingt für viele gefährlich: nach Gift, Gestank und Explosionen. Doch wir sind im täglichen Leben überall von chemischen Vorgängen umgeben: Feuer brennt, Eisen rostet, Nahrung wird verdaut. Wir backen, waschen, schreiben – stets ist Chemie dabei! Untersuchen Sie gemeinsam mit den Kindern alltägliche chemische Reaktionen und lernen Sie so die Welt der Chemie kennen.

Hier stimmt die Chemie!

Die Lehre von den Stoffen

In der Chemie sprechen wir nicht von *Dingen*, sondern von Stoffen, aus denen sie bestehen. Das Wort *Stoff* geht also weit über den Kleiderstoff hinaus. Luft, Wasser und Glas sind Stoffe – und die untersuchen wir in der Chemie. Die Wissenschaft von den Stoffen, ihren Gemeinsamkeiten und Unterschieden, heißt Chemie.

Stoffe sind unterschiedlich – sie verändern sich, sie lösen sich auf, verschwinden aber nicht. Die Chemie hält jede Menge spannender Fragestellungen bereit und sollte für Ihre Kinder und Sie ein ständig geöffnetes Labor werden.

Chemie im Kindergarten

Kinder ordnen gerne: groß oder klein, leicht oder schwer, nach Farben, Formen oder Oberflächenbeschaffenheit. Immer wenn sie Stoffe sortieren, benutzen sie ihre Sinne: Sehen, Fühlen, Hören, Schmecken und Riechen.

Bei den ersten einfachen Chemieversuchen lenken Sie die Aufmerksamkeit der Kinder zuerst auf die Zustandsarten der Stoffe, in der Chemie *Aggregatzustände* genannt. Ist ein Stoff flüssig, fest oder gasförmig? Und kommt er nur in dieser Zustandsart vor? Was ist mit Wasser? Genial! Wasser kann gleich alle drei Aggregatzustände einnehmen.

Von großem Interesse für Kinder ist auch die Löslichkeit eines Stoffes in einem anderen. Die Löslichkeit von Salz oder Zucker in Wasser zu beobachten, ist spannend. Wo ist der Stoff? Löst er sich schneller in warmem oder kaltem Wasser? Kann man ihn zurückgewinnen?

Auf die Mischung kommt es an!

Stoffe kann man auch mischen. Erkennt man die Bestandteile in der Mischung wieder? Öl und Wasser? Sand und Murmeln? Mehl und Milch? Bei Mischversuchen können die Kinder eine Fülle neuer Erfahrungen machen.

Stoffe können sich auch verändern. Ein über Nacht liegengebliebener angeschnittener Apfel oder eine Banane ohne Schale sehen am nächsten Morgen ganz anders aus. Was ist passiert? Hier haben sich Stoffe verändert, man spricht von einer chemischen Reaktion.

V1 Wen mag die Tinte?

Dieser Versuch zur Löslichkeit und zum Mischungsverhalten von Stoffen ist mit wenig Aufwand durchzuführen – Sie brauchen nur Wasser, Öl und ein bisschen Tinte!

Was brauchen Sie dazu?

- Gläser (durchsichtig, ohne Muster)
- Öl
- Wasser
- Tintenpatrone (von Ihnen mit der Schere aufgeschnitten)
- abwischbare Unterlage

So wird's gemacht

1. Die Kinder gießen etwas Wasser in das Glas.
2. Danach geben sie das Öl hinzu.
3. Die Kinder beobachten.
4. Nun werden vorsichtig einige Tropfen Tinte auf die Ölschicht fallen gelassen.
5. Es wird wieder beobachtet.

Das passiert

Öl und Wasser mischen sich nicht, es bilden sich zwei Schichten, *Phasen* genannt. Die Ölschicht schwimmt auf dem Wasser. Der Tintentropfen schwimmt eine Zeit lang *auf*, dann *in* der Ölschicht. Warten Sie geduldig mit den Kindern, bis er durch die Ölschicht gesunken ist. Wenn er im Wasser angekommen ist, zerfließt der Tintentropfen sofort und mischt sich mit dem Wasser, bis alles hellblau ist. Das Öl dagegen behält seine Farbe.

Ihr fachwissenschaftlicher Rucksack

Wasser und Öl sind Flüssigkeiten, die aus so unterschiedlichen Teilchen bestehen, dass sie sich schlecht mischen – man könnte sagen, sie „mögen sich nicht“: Wasser mag alles, was Wasser enthält, man nennt es hydrophil (wasserliebend). Wasser mag kein Öl und alles, was Fett und Öl enthält, es ist lipophob (fettfeindlich). Umgekehrt ist Öl hydrophob und lipophil.

Wassermoleküle sind klein und haben einen positiven und einen negativen Pol, das heißt, sie sind auf der einen Seite positiv, auf der anderen negativ geladen. Wasser ist ein Dipol.

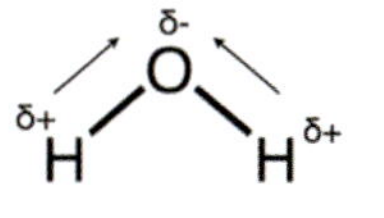

Öl ist ganz anders aufgebaut. Es besteht aus viel größeren, langen, stäbchenförmigen Molekülen, die keine geladenen Pole enthalten. Öl ist unpolar. Öl hat außerdem eine geringere Dichte als Wasser. Ein Liter Öl ist leichter als ein Liter Wasser. Deshalb schwimmt das Öl auf dem Wasser.

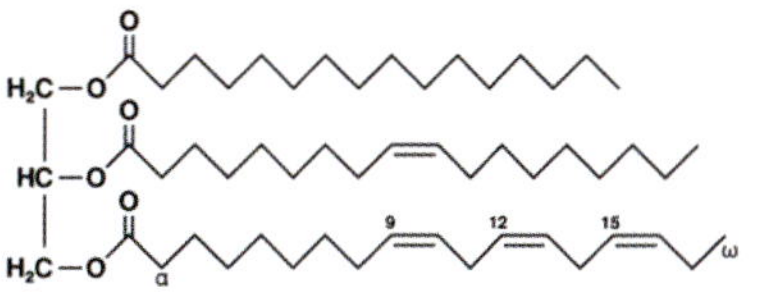

Blaue Tinte besteht aus Wasser, das mit dem Farbstoff Methylenblau angefärbt ist. Tinte ist damit schwerer als normales Wasser und als Öl.

V2 Mit den Rotkohl-Detektiven unterwegs

Dieser Versuch erfordert einige Vorbereitung, zeigt den Kindern aber sehr gut ein wichtiges Prinzip in der Chemie: den Gebrauch von *Indikatoren* (Anzeigern). Mit älteren Kindern können Sie den Rotkohl-Indikator gemeinsam herstellen. Für jüngere Kinder bereiten Sie ihn vor. Danach können alle Kinder selbstständig verschiedene Stoffe im Alltag auf Säure und Lauge prüfen.

Was brauchen Sie zum Herstellen des Indikators?

- Rotkohl
- Messer oder Schere
- Brettchen
- Topf
- Leitungswasser
- Sieb
- Teelöffel
- Glas mit Schraubverschluss

So wird's gemacht

1. Schneiden Sie die Rotkohlblätter in möglichst kleine Stücke.
2. Geben Sie diese in den Topf und füllen Sie ihn mit etwas Wasser auf.
3. Die Mischung wird etwa drei Minuten lang auf kleiner Flamme gekocht und dabei leicht umgerührt.
4. Danach gießen Sie die Flüssigkeit durch das Sieb und fangen die Indikatorflüssigkeit im Glas mit Schraubverschluss auf. Vorsicht: Der Rotkohlsaft ist siedend heiß – verbrennen Sie sich nicht!
5. Lassen Sie die Flüssigkeit abkühlen. Der Rotkohl-Indikator ist mehrere Tage haltbar.

Was brauchen Sie zum Testen?

- Verschiedene Flüssigkeiten wie Leitungswasser, Zitronen-, Orangen- oder Apfelsaft, verdünnte Essiglösung, verdünnte Seifenlösung, etwas Waschpulver in Wasser, Backpulver in Wasser, Mineralwasser (medium, classic, still) …
- kleine Gläschen
- Pipetten oder Teelöffel
- Rotkohl-Indikator

So wird's gemacht

1. Die Kinder füllen die zu testenden Flüssigkeiten in die Gläschen.
2. Sie tropfen mit der Pipette Rotkohl-Indikator hinein oder geben ihn mit dem Teelöffel dazu.
3. Mit Buntstiften können die Kinder – zum Beispiel mit einer Malvorlage, mit leeren Gläsern oder freihändig – die Ergebnisse festhalten: Welche Flüssigkeit verfärbt sich wie?

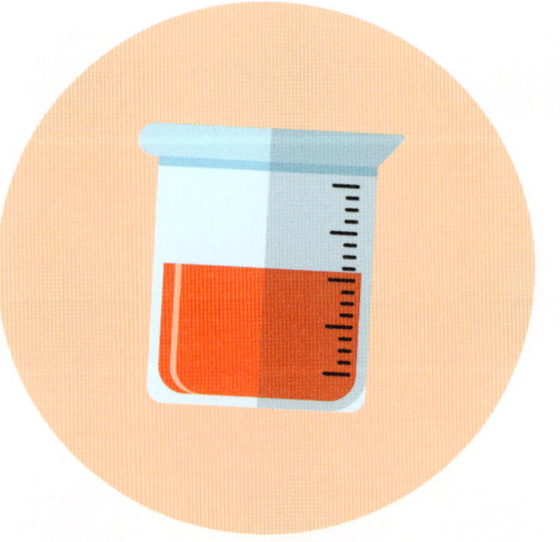

Ihr fachwissenschaftlicher Rucksack

Säuren und Basen sind zwei wichtige Arten chemischer Stoffe. Einige Säuren haben einen sauren Geschmack wie Zitronensäure in Zitronen oder Haushaltsessig. Sie sind harmlos. Stärkere Säuren wie die Salzsäure oder die Schwefelsäure hingegen sind sehr gefährlich. Sie können die Haut oder andere Stoffe verätzen.

Basen sind Stoffe, die z.B. in manchen Putzmitteln vorkommen. Auch starke Basen können gefährlich sein, weil sie eine ätzende Wirkung haben. Wasser ist weder eine Säure noch eine Base, es ist neutral.

Aber Achtung: Erinnern Sie die Kinder daran, dass die Zunge kein Messgerät ist – auch wenn manche Säuren ungefährlich sind wie z.B. Zitronensaft oder saurer Sprudel.

Die pH-Wert-Skala gibt die Säure- bzw. Basenstärke von Stoffen an. In der Mitte dieser Skala – beim Wert 7 – liegt das neutrale Wasser. Der pH-Wert von Säuren liegt unter 7. Je kleiner der Wert ist, desto stärker ist die Säure. Der pH-Wert von Basen ist größer als 7. Er kann bis 14 gehen, dann ist die Base stark laugig.

Ein *pH-Indikator* ist ein Farbstoff, der durch seine Farbänderung anzeigt, ob eine wässrige Lösung sauer oder basisch reagiert. Ein bekannter Indikator aus dem Haushalt ist Rotkohl. Lilafarbener Rotkohlsaft wechselt seine Farbe nach Rot, sobald ein saurer Stoff hinzukommt, mit Laugen schlägt die Farbe ins Grünliche um. Rotkohl heißt in manchen Gegenden auch Blaukraut, weil es dort nicht mit Essig oder sauren Apfelstückchen versetzt wird und deshalb nach dem Kochen eine blaue Farbe hat.

pH-Wert Skala

sehr sauer – **neutral** – **sehr basisch**

0	1	2	3	4	5	6	7	8	9	10	11	12	**13**	**14**
	Magensaft: pH-Wert 1	Zitronensaft: pH-Wert 2			Mineralwasser mit Kohlensäure: pH-Wert 5		Wasser: pH-Wert 7 Blut: pH-Wert 7,4	Speichel: pH-Wert 8	Spülwasser: pH-Wert 9	Natron in Wasser: pH-Wert 10				

Faszination Pflanzen

Ein Streifzug durch die Botanik

Tiere sind Lebewesen, das wissen die Kinder. Hunde bellen, Katzen brauchen Futter, Kaninchen rennen, sie alle bekommen (zumindest theoretisch) Nachwuchs. Aber sind auch Pflanzen lebendig? Ob auch Pflanzen Lebewesen sind, können die Kinder selbst herausfinden. Sie erleben Fortpflanzung, Wachstum, Bewegung, Reizbarkeit und Stoffwechsel. Und auch der Tod gehört zum Leben von Pflanzen dazu. Wird bereits im Kindesalter die Begeisterung für Pflanzen geweckt, kann sich daraus eine lebenslange Zuneigung zur Pflanzenkunde – der Botanik – entwickeln. Dazu können Sie mit wenig Aufwand beitragen.

Faszination Pflanzen

Mit Pflanzen zu forschen, macht mehr als glücklich

Anschaulicher können Kinder Natur kaum erleben: Pflanzen beim Keimen beobachten, mit den Händen in der Erde wühlen und leckeres Gemüse ernten – Gärtnern macht allen Kindern Spaß. Aber nicht nur im Garten, sondern schon auf der Fensterbank oder dem Balkon können Sie mit Ihren Kindern säen, pflanzen und ernten.

Ein „grüner Lernalltag" fördert Ihre Kinder in vielen Bildungsbereichen. So lernen die Kinder die Kennzeichen des Lebendigen kennen, untersuchen Aufbau, Struktur und Bedürfnisse von Pflanzen, können Unterschiede und Gemeinsamkeiten erkennen, erwerben Artenkenntnis und gärtnerische Kompetenzen. Die Liste der fachlichen Kompetenzen ist lang.

Aber auch personale Kompetenzen mit Kindern bahnen Sie beim Umgang mit Pflanzen an: Sie lernen, sich in Geduld zu üben, sie arbeiten präzise, oft auch im Team, müssen sich an Anweisungen halten und diese genau umsetzen und entwickeln dabei Wertschätzung und Einfühlungsvermögen für pflanzliche Lebewesen.

Was Pflanzen zum Leben brauchen

Tiere und Menschen brauchen für ihr Wachstum und zur Aufrechterhaltung aller Lebensfunktionen Energie. Sie müssen ihrem Körper Nahrung zuführen. Pflanzen nutzen dazu den Vorgang der Fotosynthese. Dabei wird aus Wasser und Kohlenstoffdioxid (CO_2) Traubenzucker (Glucose) hergestellt. Als „Abfallprodukt" entsteht Sauerstoff (O_2). Für diesen Vorgang benötigt auch die Pflanze Energie. Diese stammt aus dem Sonnenlicht und wird durch den grünen Blattfarbstoff, das Chlorophyll, aufgenommen. Chlorophyll befindet sich in den Blattgrünkörnern, den Chloroplasten. CO_2 wird aus der Luft, Wasser und Mineralsalze werden aus der Erde aufgenommen. O_2 wird an die Umgebung abgegeben. Das Endprodukt Glucose ist z. B. in den Früchten gespeichert oder in Stärke umgewandelt. Die Stärke liefert z. B. Samen die notwendige Energie zum Keimen.

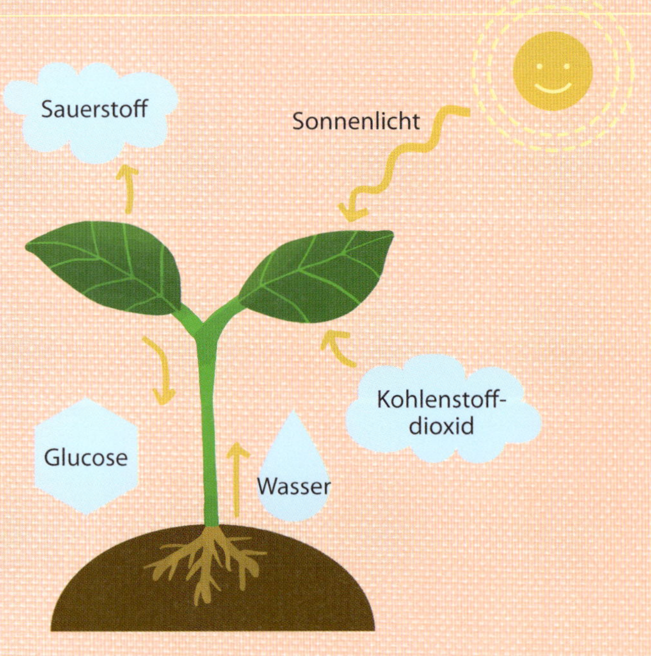

Die Fotosynthese kann man sich wie eine Zuckerfabrik vorstellen: Rohstoffe und Energie gelangen hinein, das Endprodukt sind Traubenzucker oder Stärke. Das Nebenprodukt Sauerstoff verlässt die Fabrik. Das nennt man *Stoffwechsel*.

In der Kita ist das ganze Jahr Gartensaison

Auf jeder Fensterbank lässt sich mit dem Säen und Pflanzen beginnen – die Kinder ernten hier schnell Erfolgserlebnisse. Mit Kresse oder Feuerbohnensamen können die kleinen Pflanzen-Fans das Wachsen täglich beobachten. Bepflanzen lässt sich fast jedes Behältnis: leere Eierkartons, Joghurtbecher, Plastikschalen usw. Wichtig ist dabei aber, dass der Pflanztopf Löcher im Boden hat, damit das Gießwasser abfließen kann. Diese Löcher können Sie je nach Material mit der Schere oder einem Bohrer hineinbohren. Watte tut es für den Anfang, Anzuchterde gibt den Samen und jungen Pflänzchen alles Wichtige für den Start.

Ein Treibhaus im Zimmer

Ein Zimmertreibhaus zu besitzen, ist schon Luxus. Wenn es draußen noch kalt ist, die Sonne aber schon scheint, beginnt sich das kleine Gewächshaus aufzuheizen. So sind die kleinen Pflänzchen dort nicht nur vor Kälte und Wind geschützt, sie beginnen durch die Wärme im Inneren auch ein früheres Wachstum als im Freien. Nutzen Sie Zimmertreibhäuser zum Vorziehen von Pflanzen. Erst die kräftigeren Jungpflanzen werden später ins Freiland gesetzt, wenn die Außentemperatur ansteigt. Der untere Teil, die

Der Samen besteht aus der Samenschale, den Keimblättern und dem Keimling, der auch *Embryo* genannt wird. Die Samenschale ist eine schützende Hülle, die den Keimling umschließt und ihn vor äußeren Witterungseinflüssen und Schädlingen schützt. Die Keimblätter ernähren den Keimling aber auch, solange er noch keine Fotosynthese betreiben kann. Diese „Vorratskammer" enthält meist Stärke, aber auch Zucker und Öle. Diese Stoffe dienen als „Nährstofflager". Sind die Laubblätter voll entwickelt, sterben die Keimblätter ab. Gut geschützt liegt im Innern der Keimblätter die kleine Bohnenpflanze. Der Embryo hat schon eine kleine Keimwurzel, einen Stängel und Blätter.

Um keimen zu können, müssen verschiedene Voraussetzungen gegeben sein: Die wichtigsten sind Wärme, Wasser und Sauerstoff. Hier liegt ein großes Forscherpotenzial. Was braucht mein Samen? Keimt er im Licht (Lichtkeimer) oder bei vollkommender Dunkelheit (Dunkelkeimer)? Was passiert, wenn ich ihn in der Kälte aufbewahre (Kühlschrank), ihn zu viel oder zu wenig gieße? So viele Fragen warten darauf, von den kleinen Pflanzen-Forscher:innen beantwortet zu werden.

Aussaatschale, besteht aus stabilem, hochwertigem Kunststoff. Die transparente Abdeckhaube enthält ein spezielles Belüftungssystem. Ein Zimmertreibhaus wird mit einem Dach geschlossen, sodass Wärme und hohe Luftfeuchtigkeit entstehen und die ausgesäten Samen keimen können. Durch den transparenten Deckel können die Kinder das Wachsen der Pflanzen beobachten.

Eine ganze Pflanze in meiner Hand

Sammeln Sie die Kinder um sich und halten Sie in der geschlossenen Hand einen Feuerbohnensamen. Diesen haben Sie über Nacht in Wasser gelegt, damit er aufquillt. Damit haben Sie den Samen aus seiner „Samenruhe“ quasi „aufgeweckt“. Teilen Sie den Kindern mit, dass Sie eine komplette Pflanze in der Hand halten – mit Wurzel, Blättern und Stängel.

Entfernen Sie dann mit den Kindern die Samenschale des gequollenen Samens. Nun können Sie ihn vorsichtig öffnen. Die beiden dicken Keimblätter lassen sich leicht auseinanderklappen. Betrachten Sie gemeinsam mit den Kindern den Aufbau des Bohnensamens mit der Lupe oder unter dem Binokular.

Draußenzeit im Garten

Ein Hoch auf das Hochbeet

Ein Gartenbeet, das nicht ebenerdig, sondern erhöht angelegt ist, nennt man *Hochbeet*. Das hat viele Vorteile: Für die Kinder sind die Pflanzen in erreichbarer Höhe, auch für die Erwachsenen entfällt das mühsame Bücken. Im Hochbeet kann mit kleineren Geräten ohne langen Stiel gearbeitet werden. Schneckenbefall und Unkrautwuchs sind seltener. Auch erwärmt sich das Hochbeet früher als das konventionelle Beet, das bewirkt ein schnelleres Wachstum der Pflanzen.

Gärtnern im Quadrat

Die Methode des *Square Foot Gardening* kam 1981 aus Amerika zu uns. Es ist die ideale Methode für Kinder und Gartenanfänger:innen. Teilen Sie eine Gartenfläche in ca. 30 x 30 cm große Quadrate ein. Bewährt haben sich 4 x 4 = 16 Quadrate. Diese sind viel müheloser zu bepflanzen und zu pflegen als lange Reihen von Beeten. Jedes Kleinquadrat bildet eine Einheit für sich und kann von einem Kind sehr gut erreicht und eigenverantwortlich gepflegt werden. Kleine Schildchen mit dem Namen des Kindes werden in die Erde gesteckt. Planen Sie gemeinsam mit allen die Bepflanzung und zeichnen Sie einen Pflanzplan, den Sie in der Einrichtung aufhängen. Der Platzbedarf der Pflanzen ist unterschiedlich. Das sollte man bei der Aussaat berücksichtigen. Jede Kindergruppe wählt ihre Pflanzen auf einem Quadrat aus, verfolgt das Wachstum und trägt die Verantwortung für Aussaat, Pflege und Ernte.

Genau hinschauen!

Wenn Sie eine Pflanze bestimmen möchten, müssen Sie diese auf verschiedene Merkmale hin untersuchen. Solche Merkmale finden Sie vor allem in der Blüte: Farbe, die Anzahl der Kronblätter, ihre Form und ihre Anordnung. Zum Bestimmen einer Pflanze reichen diese Angaben allerdings noch nicht aus. Auch das Aussehen der Blätter und die Form des Stängels geben wichtige Hinweise. Alle typischen Merkmale von Pflanzen sind in Bestimmungsschlüsseln aufgeführt. Sie finden diese in Bestimmungsbüchern. Gemeinsam mit den Kindern in einem Bestimmungsbuch nach der Pflanze zu suchen, fördert das genaue Betrachten und erweitert die Wortwahl der Kinder. Es gibt auch Handy-Apps, die Ihnen anhand eines Fotos die Pflanze sofort bestimmen.

Keine Angst vor der Nomenklatur

„Schau mal, ein Löwenzahn!", ruft Emil. „Stimmt nicht! Das ist eine Kuhblume!", entgegnet Conny. Und Kemal meint: „Das ist eine Pusteblume." Dass eine Pflanze oder ein Tier oft verschiedene Namen hat, ist verwirrend. Das empfand auch der schwedische Biologe Carl von Linné. Er wollte, dass alle Pflanzen und Tiere eine eindeutige Bezeichnung tragen. Deshalb gab er den Lebewesen, die er kannte, einen Doppelnamen. Diesen leitete er aus dem Lateinischen ab. Den Löwenzahn nannte er *Taraxacum officinale*. Biologen und Biologinnen weltweit kennen Pflanzen und Tiere unter ihren wissenschaftlichen Namen. So können sie sich untereinander verständigen.

Die Kennzeichen des Lebendigen

Mit der Feuerbohne und der Kresse können die Kinder das Keimen und Wachsen von Pflanzen erleben. Die Sonnenblume oder die Mimose ermöglichen ihnen, die Bewegungen von Pflanzen nachzuvollziehen. Um die Fortpflanzung von Pflanzen zu bestaunen, eignet sich das Brutblatt der *Bryophyllum*-Pflanze.

Eine *Bryophyllum*-Pflanze im Topf erhalten Sie im Fachhandel. Bald stellen die Kinder fest, dass auf dem Fenstersims viele kleinste Pflänzchen verstreut liegen. In den gezähnten Blattwinkeln der Brutblätter sitzen kleine Brutknospen – Miniaturen der Mutterpflanze –, die schnell Wurzeln bilden, wenn man sie auf Erde setzt, und zu eigenständigen Pflanzen heranwachsen. Aufgrund dieser Besonderheit heißt der botanische Name *Bryophyllum* übersetzt „wachsendes Blatt". Betrachten Sie mit den Kindern die Brutknospen mit der Lupe und weisen Sie auf diese besondere Art der Fortpflanzung hin. Die Fortpflanzung über Samen ist den Kindern sicher schon vom Löwenzahn, der Pusteblume, bekannt.

Der Dichter Johann Wolfgang von Goethe hatte große Freude daran, Blätter zur Vermehrung per Post an seine Freunde zu verschicken. Deshalb werden im Volksmund Brutblätter oft auch als „Goethepflanzen" bezeichnet. Diese Idee können Sie auch in Ihrer Einrichtung umsetzen: Füllen Sie Briefe an Eltern oder Großeltern mit Brutknospen und verschicken Sie diese mit den Kindern.

V1 Kresse – nicht nur zum Essen!

Kresse säen – ein Klassiker in der Kita und doch immer wieder spannend für die Kinder. Bei diesem Versuch lassen die Kinder Buchstaben und Formen aus Kresse entstehen.

Was brauchen Sie dazu?

- zwei Päckchen Gartenkresse-Samen
- Watte, wenn möglich in Streifen
- Blumendraht
- Teller
- Wasser, am besten im Pflanzensprüher
- Schere, Bindfaden
- Lupe
- später Brot, Quark, Tomaten

So wird's gemacht

1. Die Kinder formen aus Blumendraht einen Buchstaben, z.B. den ersten ihres Vornamens, oder ein Herz. Den Blumendraht windet man am besten mehrfach, damit die Konstruktion besser hält.
2. Um die Drahtkonstruktion wird Watte gewickelt.
3. Mit dem Pflanzensprüher wird die Watte vorsichtig befeuchtet und mit Kressesamen bestreut.
4. Während die Kressesamen quellen, keimen und in der Watte anwachsen, wird der Buchstabe auf einen Teller gelegt.
5. Täglich wird ein wenig Wasser auf die Watte gesprüht.
6. Immer wieder werden die Kressepflänzchen mit einer Lupe betrachtet und gezeichnet.

Das sieht man

Sobald die Kressesamen in der Watte gewurzelt haben und so verankert sind, befestigen Sie die Buchstaben mit Bindfäden am Fenster. Die Pflänzchen wachsen zum Licht hin. Nachdem die Kresse ausgewachsen ist und alle die Dekoration bewundert haben, werden die Pflänzchen abgeschnitten und als Gewürz für ein Quark- oder Tomatenbrot verwendet.

Fragen & Antworten

Wieso wächst die Kresse auf Watte und braucht keine Erde?
Die Kressepflanze ist völlig unproblematisch: Sie braucht nur Licht, Luft und Wasser. Ihre „Grundversorgung" hat sie im Samen bereits bei sich.

Kann die Kresse überall wachsen?
Kresse gedeiht auf Erde, aber auch auf Watte, sogar auf feuchtem Küchenpapier. Kresse liebt einen hellen, aber nicht zu sonnigen Platz nahe am Fenster. Sie keimt am besten bei Zimmertemperatur (18° C bis 22° C).

Warum ist die kleine Pflanze so stark?
Ihre Wurzeln sind sehr stark und verankern die Pflanze fast überall.

Ihr fachwissenschaftlicher Rucksack

Kresse ist nicht gleich Kresse. Wenn wir von Kresse sprechen, ist meist die Gartenkresse (*Lepidium sativum*) gemeint. Es gibt auch noch Brunnenkresse und Kapuzinerkresse, die aber nur entfernt mit der Gartenkresse verwandt sind. Die Heimat der Gartenkresse ist vermutlich Persien, der Name stammt wohl aus dem Indogermanischen *gres* – übersetzt bedeutet das so viel wie „knabbern" oder „fressen". Gartenkresse fand man schon in den Gräbern der Pharaonen. Die Römer brachten sie dann nach Europa. Kresse lässt man selten auswachsen, man erntet sie meist schon vier bis sieben Tage nach der Keimung. Kresse ist sehr gesund. Sie enthält ätherische Öle, die eine antibakterielle Wirkung haben. Sie werden beim Aufreißen der Zellwände, also beim Kauen, freigesetzt. Außerdem enthält die Pflanze Vitamin C und ist damit gut zur Vorbeugung gegen Erkältungskrankheiten und Infektionen.

V2 Eine Tulpe macht sich hübsch

Blumen brauchen Wasser – das wissen Ihre Kinder bestimmt. Doch wissen sie auch schon, dass man den Blumen beim Trinken zuschauen kann? Bei diesem Versuch verfolgen die Kinder den Weg des Wassers in die Blüte mittels farbiger Tinte.

Was brauchen Sie dazu?

- 2 weiße Blumen (Tulpen, Nelken, Rosen – je nach Jahreszeit)
- 2 hohe Wassergläser
- Lebensmittelfarbe oder Tinte (rot und blau)
- Messer

So wird's gemacht

1. Die weißen Blumen werden für einige Stunden aus der Vase herausgenommen und an einen kühlen Ort gelegt. Danach sind sie etwas welk und benötigen Wasser.
2. Die zwei Gläser werden mit Wasser gefüllt.
3. In ein Glas wird rote, in das andere Glas blaue Tinte oder Lebensmittelfarbe gegeben.
4. Die Stängel der Blumen werden mit einem scharfen Messer angeschnitten und sofort in das rot bzw. blau gefärbte Wasser gestellt.
5. Die Blumen lässt man eine Weile an einem warmen, sonnigen Ort stehen.

Das sieht man

Die Blumen saugen durch ihre Leitungsbahnen das gefärbte Wasser auf und transportieren es bis in die Blüten. Während das Wasser durch die Spaltöffnungen der Blütenblätter verdunstet, lagert sich die Farbe in den Blütenblättern ab. Die Blüten färben sich am Rand rot bzw. blau.

Fragen & Antworten

Wie kommt die Farbe in die Blüte?

Die Wasserleitungsbahnen der Pflanzen kann man bei manchen Pflanzen gut sehen. In den Blättern bilden sie die sogenannten Blattadern, aber auch in den Stängeln erkennt man sie. Suchen Sie in der Natur nach weiteren Blättern, in denen man die Blattadern erkennen kann.

Wie kann das passieren?

Als Vergleich für den Wassertransport bietet sich das Saugen an einem Strohhalm an. So wie Sie am Strohhalm ziehen, zieht die Pflanze Wasser aus dem Boden.

Warum dauert das eine gewisse Zeit?

Es braucht eine gewisse Zeit, bis das Wasser mit der Farbe in der Blüte angekommen ist. Lianen sind die Pflanzen, die Wasser am schnellsten nach oben leiten: 150 Meter in der Stunde.

Geht die Farbe auch wieder weg?

Nein, denn es wird nur das Wasser verdunstet. Die Farbteilchen sind zu groß, um durch die Spaltöffnungen der Blütenblätter zu verdunsten.

Ihr fachwissenschaftlicher Rucksack

Die Wasseraufnahme der Pflanze erfolgt über die Wurzeln. Feinste Wurzelhaare saugen das Nass zwischen den Erdteilchen auf. Um von den Wurzeln zu den Blättern zu gelangen, muss das Wasser in der Pflanze „bergauf" fließen. Die treibende Kraft der Wasseraufnahme in den Wurzeln ist die Verdunstung der Flüssigkeit in den Blättern. Je mehr also eine Pflanze „schwitzt", umso größer ist die „Saugkraft" der Wurzeln. Dieser Sog in den Wasserleitungen der Pflanze verursacht, dass die Flüssigkeit nach oben steigt. Der Transport erfolgt in den Gefäßen des Leitbündels durch den Stängel nach oben.

V3 Auch Pflanzen schwitzen

Nach dem Rennen und Toben schwitzen die Kinder, das wissen sie. Sie müssen etwas trinken. Pflanzen bewegen sich aber kaum. Dass sie trinken, haben sie in Versuch 2 erlebt. Aber schwitzen Pflanzen auch? Und wenn ja, wieviel?

Teil 1: Was brauchen Sie dazu?

- Topfpflanze mit Blättern
- Gefrierbeutel
- Klebeband
- Schere

So wird's gemacht

1. Die Topfpflanze wird mit einem Gefrierbeutel umhüllt.
2. Der Beutel wird um den Stiel der Pflanze fest mit Klebeband verschlossen.
3. Die Pflanze wird für mehrere Stunden auf der Fensterbank in die Sonne gestellt.
4. Die Kinder beobachten die Innenseite des Gefrierbeutels.

Das passiert

Nach einigen Stunden ist die Innenseite des Gefrierbeutels voller Wassertröpfchen.

Fragen & Antworten

Warum schwitzt eine Pflanze, wenn sie sich gar nicht bewegt?

Die Wurzeln der Pflanzen brauchen Wasser, um in ihren Leitungsbahnen alle wichtigen Stoffe zu verteilen. Dazu „saugen" sie aus der Erde Wasser an. Dieses Wasser muss wieder „ausgeschwitzt" werden. Das geschieht über die Blätter.

Wie stark schwitzt eine Pflanze?

Je mehr eine Pflanze „schwitzt", umso größer ist die Saugkraft der Wurzeln. Bieten Sie zu dieser Frage einen weiteren Versuch an.

Teil 2: Was brauchen Sie dazu?

- hohes Wasserglas
- Wasser
- Öl
- schwarzer Folienstift
- Zweig mit vielen großflächigen Blättern

So wird's gemacht

1. Ein Wasserglas wird mit Wasser gefüllt.
2. Am Glasrand bringt man mit schwarzem Folienstift eine Markierung an.
3. Der Zweig mit Blättern wird ins Wasser gestellt.
4. Auf die Wasseroberfläche wird vorsichtig eine Schicht Öl gegossen.

Das passiert

Das Öl verhindert, dass das Wasser im Glas verdunstet. Der Wasserspiegel sinkt in dem Maße, wie die Pflanze Wasser über die Blätter verdunstet.

Ihr fachwissenschaftlicher Rucksack

Das „Schwitzen" der Pflanze nennt man *Transpiration*. Darunter versteht man die Wasserabgabe über die Spaltöffnungen der Blätter. Die noch flüssigen Wasserteilchen wandern von den Wurzeln durch die Leitungsbahnen in den Stängeln bis in die Zellen des Laubblattes. Dort findet der Übergang von flüssigen in den gasförmigen Zustand statt. Die gasförmigen Wasserteilchen (Wasserdampf) verlassen das Laubblatt durch die Spaltöffnungen. Durch das Öffnen und Schließen der Spaltöffnungen kann die Pflanze die Transpiration regulieren. Manche Bäume verlieren so an einem Tag mehr als 6000 Liter Wasser. Das ist ungefähr das Gewicht eines Lastwagens.

7

Naturgesetzen auf der Spur

Mit Kindern Physik entdecken

Biophysik, Meteorologie, Astrophysik … Die Forschungsfelder in der Physik sind zahlreich – und Kinder forschen hier schon ganz unbewusst: Sie untersuchen die Kräfte beim Herunterfallen von Gegenständen, hinterfragen die Bewegung beim Schaukeln und experimentieren mit Licht und Schatten. Kinder entdecken mit ihrem aufmerksamen Blick im Alltag ständig physikalische Phänomene. Lassen Sie sich ohne Vorbehalte mitnehmen von der kindlichen Begeisterung und haben Sie ebenso viel Spaß an der Physik!

Naturgesetzen auf der Spur

Was die Welt im Innersten zusammenhält

Physik, Chemie und Biologie sind Naturwissenschaften – sie versuchen, Vorgänge und Erscheinungen in der Natur zu ergründen. Die Physik sucht nach Erklärungen und Begründungen für das Funktionieren der Welt. In der Physik untersuchen die Forscher:innen Kräfte, Bewegungen und Energieformen. Physikalische Erscheinungen bestimmen unser Leben und unseren Alltag. Je besser die Kinder die Dinge um sie herum verstehen, desto mehr Möglichkeiten haben sie später, ihr Leben zu erleichtern und Probleme zu lösen.

Die Physik unterteilt man in verschiedene Teilbereiche:

- Die *Mechanik* beschäftigt sich mit Kräften und den Bewegungen, die sie verursachen.
- In der *Optik* dreht sich alles um Licht und Schatten.
- Im *Magnetismus* erleben Kinder „unsichtbare Kräfte".
- In der *Elektrizitätslehre* erfahren sie Neues über Strom und seine Gefahren.
- Die *Meteorologie* erforscht das Wetter.

Die Fragen der Kinder bewegen sich in all diesen Fachbereichen: Wie entstehen Blitz und Donner? Wann entsteht ein Regenbogen? Wieso hält der Magnet an der Kühlschranktür?

Messen, wiegen, zählen

Und was macht diese Wissenschaft noch so spannend? Physiker:innen führen ständig Versuche durch und messen dabei die Zeit, die Strecke, das Gewicht und vieles mehr. Ihre Messwerte setzen sie in Maßeinheiten um: Sekunden, Meter, Kilogramm, das wissen die Kinder vielleicht schon.

Um nicht Wort für Wort ellenlange Protokolle schreiben zu müssen, verwendet man in der Physik Formeln. Diese sind vermutlich die Wurzel aller Antipathie für dieses Fach. Im Kindergarten ist Ihnen und den Kindern jedoch ein formelfreier Einblick in diese Wissenschaft möglich.

Aus zwei verschiedenen Teilbereichen der Physik finden Sie in diesem Kapitel eine Sammlung kindgerechter Experimente, die Sie mit wenigen Hilfsmitteln umsetzen können. Immer haben diese einen direkten Bezug zur Erfahrungswelt der Kinder und beantworten ihre Fragen. So können Sie die Kinder mit einfachen physikalischen Grundbegriffen vertraut machen und grundlegende Vorstellungen über Physik „implementieren".

> „Der Inhalt der Physik geht die Physiker an, die Auswirkung alle Menschen."
>
> Friedrich Dürrenmatt

Licht und Schatten: Schwerpunkt Optik

Die Optik ist die Lehre vom Licht. Sie beschäftigt sich damit, wie Lichtstrahlen Bilder erzeugen und wie Bilder entstehen, wenn sie an Spiegeln reflektiert oder von Linsen gebrochen werden.

Ganz schön wellig

Licht ist eine Energieform, die sich in Wellen mit der schnellsten überhaupt bekannten Geschwindigkeit (Lichtgeschwindigkeit) ausbreitet. In einer Sekunde legen Lichtwellen 300.000 Kilometer zurück, das sind umgerechnet eine Milliarde Stundenkilometer. Das Licht braucht also vom Mond bis zur Erde nur etwas mehr als eine Sekunde.

Schallwellen bewegen sich im Vergleich zu Lichtwellen relativ langsam. Die Schallwellengeschwindigkeit beträgt auf der Erde etwa 343 Meter in der Sekunde. Beim Anschauen eines Feuerwerks können Sie die Schallgeschwindigkeit direkt nachweisen. Das Aufblitzen einer Explosion wird lange gesehen, bevor man das Geräusch hört. Das bedeutet, dass der Schall viel langsamer als das Licht ist.

Eine kurze Geschichte des Lichts

Schon der Urmensch hat Licht ins Dunkel gebracht und das Feuer genutzt. Nun waren die Menschen nicht mehr allein von der Lichtquelle Sonne abhängig. Als Lichtquelle bezeichnen wir alle Gegenstände, von denen Licht ausgeht.

Es gibt Lichtquellen, in denen das Licht erzeugt wird. Diese nennt man direkte Lichtquellen oder selbstleuchtende Körper. Es gibt aber auch Lichtquellen, die das Licht einer anderen Lichtquelle nur weitergeben. Diese nennt man indirekte Lichtquellen. Das sind praktisch alle beleuchteten Körper wie Mond, Planeten, Kometen, Wände, aber auch Personen selbst.

Im Laufe der Zeit wurden die direkten Lichtquellen immer vielfältiger: Die alten Römer nutzten Öllampen, Ritter entzündeten Fackeln in den Burgen. Im Mittelalter kamen Kerzen aus Bienenwachs in Mode, vor 200 Jahren die Petroleumlampe. Mit Gaslicht beleuchtete man früher Häuser und Straßen. Elektrisches Licht und die Glühbirne wurden im 19. Jahrhundert erfunden. Heute erstrahlen LEDs und Energiesparlampen und auf Knopfdruck haben wir jederzeit Licht zur Verfügung – sensibilisieren Sie die Kinder im Sinne der Nachhaltigkeit für diesen Luxus!

V1 Der Blick in die Unendlichkeit

Was passiert, wenn man zwei Spiegel einander gegenüberstellt? Spiegelt sich das Bild bis in die Unendlichkeit? Das probieren die Kinder bei diesem Versuch!

Was brauchen Sie dazu?

- Teelicht und Streichhölzer
- 2 Spiegelfliesen
- Playmobilfigur (optional)

So wird's gemacht

1. Stellen Sie ein Teelicht zwischen zwei aufrechte Spiegelfliesen, mit den Spiegelflächen zueinander ausgerichtet.
2. Entzünden Sie das Teelicht. Lassen Sie den Kindern Zeit, zu staunen und Erklärungsversuche zu finden. Was seht ihr? Wie erklärt ihr euch den Vorgang? Endet der Vorgang? Warum?
3. Mit der Playmobilfigur können die Kinder selbst den Blick in die Unendlichkeit probieren.

Ihr fachwissenschaftlicher Rucksack

Wenn sich zwei Spiegel genau parallel gegenüberstehen, dann wird ein zwischen den Spiegeln stehender Gegenstand sehr oft gespiegelt. Denn jeder Spiegel spiegelt den Gegenstand und das Spiegelbild des Spiegelbildes des Spiegelbildes usw. Eigentlich findet diese Reihe kein Ende. Da jedoch bei jeder Spiegelung Licht verlorengeht, kann man schließlich die sehr oft gespiegelten Spiegelbilder nicht mehr deutlich sehen.

Haushaltsspiegel bestehen aus einer Aluminiumschicht hinter Glas. Früher verwendete man für Haushaltsspiegel Silberschichten, diese neigten jedoch zum Anlaufen und lieferten ein leicht gelbstichiges Bild.

V2 Schattenspiele

Hund oder Hase? Schattenspiele gehören zu den kreativsten Spielideen, denn sie erfordern mit zunehmender Schwierigkeit ein hohes Maß an Konzentration, Geschicklichkeit und Kombinationsvermögen. Hier kann nach Herzenslust probiert werden.

Was brauchen Sie dazu?

- eine starke Lichtquelle
- eine weiße Wand oder ein weißes Bettlaken

So wird's gemacht

Die Kinder versuchen, mit einer Hand, mit zwei Händen oder mit dem ganzen Körper Schatten zu erzeugen.

Weiterforschen

Wenn die Kinder schon geübt sind, können sie ein Schattentheater aufführen. Im Handel erhält man diverse Schattenspiele-Bücher.

Ihr fachwissenschaftlicher Rucksack

Das chinesische Schattenspiel hat eine Jahrhunderte alte Tradition. Auch in Kambodscha, Thailand und Malaysia spielt man es. Nach Europa kam es im 18. Jahrhundert. Besonders in Frankreich waren die *ombres chinoises* sehr beliebt. Benutzt wurden zuerst nur die Hände, dann kleine Figuren an Stäbchen, mit denen ganze Theaterstücke gespielt wurden.

V3 Die Goethebrille

Welche Farbe hat eigentlich das Licht? Ganz klar: alle! Sichtbar wird das für uns zum Beispiel im Regenbogen, der am Himmel erscheint: Das Licht bricht sich in den Regentropfen und wird dadurch in seine Spektralfarben zerlegt. Das gleiche Phänomen lässt sich zum Beispiel mit einem Prisma beobachten – oder einer sogenannten Goethebrille, die für den nächsten Versuch gebraucht wird.

Was brauchen Sie dazu?

- Goethebrille
- Kerze
- Lampe
- CD oder DVD
- Taschenlampe

So wird's gemacht

1. Teilen Sie die Brillen an die Kinder aus.
2. Dann zünden Sie eine Kerze an. Was sehen die Kinder?
3. Woran erinnert das Bild? An einen Regenbogen?
4. Nun werden verschiedene Lichtquellen betrachtet.
5. Die Kinder können ihre Beobachtungen malen.

Weiterforschen

Die Kinder experimentieren mit einer CD oder DVD und einer Taschenlampe: Sie beleuchten mit der Lampe die CD mit weißem Licht. Jede Bewegung der CD oder der Taschenlampe produziert eine Vielzahl an Farben.

Ihr fachwissenschaftlicher Rucksack

Wenn Lichtstrahlen von Gegenständen zurückgeworfen (reflektiert) werden, trifft Licht in unsere Augen. Dadurch ist der Gegenstand für uns sichtbar. Gegenstände, die kein Licht reflektieren, bezeichnen wir als schwarz. Ein weißes Blatt Papier reflektiert alle Farben des Lichtes – daher erscheint es weiß. Das „weiße" Licht der Sonne enthält die sieben Spektralfarben, die sieben Regenbogenfarben, und zwar in folgender Reihenfolge (durch ein Prisma betrachtet): Rot, Orange, Gelb, Grün, Hellblau, Indigo, Violett.

Eine Goethebrille oder Filterbrille enthält ein sehr feines Gitter, das die verschiedenen Farben im Licht unterschiedlich ablenkt. Der Blick durch die Goethebrille zeigt die Umwelt in Regenbogenfarben. Bei der Folie der Brille handelt sich um ein optisches Gitter, das aus einer Reihe sehr feiner, zueinander parallel laufender Linien oder Furchen besteht. An diesem Gitter wird das Licht abhängig von der Wellenlänge mehr oder weniger stark gebeugt, sodass sich die Farben Violett, Blau, Grün, Gelb, Orange und Rot zeigen. Man erkennt auch eine Reihenfolge: Links ist Rot und rechts liegt Violett. Es gibt auch noch Licht jenseits dieser Farben, nur kann unser Auge diese Farben nicht sehen. Insekten zum Beispiel können manche dieser für uns unsichtbaren Farben erkennen.

V4 Mit Licht Bilder malen

Mit Licht malen, wie soll das denn gehen? Mit lichtempfindlichem Solarpapier ist das gar kein Problem! Einfach Gegenstände auswählen, auf das Papier legen und belichten lassen, fertig ist das Sonnenkunstwerk.

Was brauchen Sie dazu?
- Blätter, Blumen, kleine Gegenstände (z. B. Feder, Kamm, Büroklammern)
- Solarpapier (1 DIN-A5-Blatt für jedes Kind)

So wird's gemacht
1. Bewahren Sie das Solarpapier in totaler Dunkelheit auf.
2. Die Kinder planen zuerst ihr Vorgehen: Sie sammeln Blumen oder Blätter und stellen ihre Collage zunächst auf einem weißen Blatt Papier zusammen.
3. Dann kommt das Solarpapier zum Einsatz. Da die Belichtungszeit des Solarpapiers recht kurz ist, sollten die Gegenstände schnell auf dem Papier positioniert werden.
4. Das Blatt wird dann auf die Fensterbank gelegt.
5. Anschließend wird eine „Foto-Wand" gestaltet.

Ihr fachwissenschaftlicher Rucksack
Auf Solarpapier ist eine Schicht eines lichtempfindlichen Stoffs aufgebracht. Es handelt sich um Silberbromid (AgBr), eine viel verwendete Chemikalie in der Fotografie, die unter Lichteinfall in metallisches Silber zerfällt. Dort, wo die Gegenstände liegen, kommen keine Sonnenstrahlen auf das Papier. Beim Entfernen der Gegenstände vom Papier wird ihr Abbild sichtbar.

Sonne, Wind und Regen: Das Wetter

Kinder wie auch Erwachsene sprechen ständig über das Wetter und bewegen sich damit im Bereich der Physik. Die Wissenschaftler:innen messen die wichtigsten physikalischen Parameter: Temperatur, Luftdruck, Luftfeuchtigkeit, Windrichtung und Windgeschwindigkeit, Niederschlag und Wolkenbildung. Der „Motor" des gesamten Wetters ist die Sonne, „Wetterverteiler" sind die Winde und die Meeresströmungen.

Mit Kindern über das Wetter reden

Kindern, die die Frage „Was ist eigentlich Wetter?" stellen, kann man – bevor man mit Versuchen in die Thematik eintritt – niederschwellig erklären: „Stellt euch eine Suppe vor, die aus verschiedenen Zutaten hergestellt wird: Sonnenschein, Wolken, Wind und Niederschlag. Alles zusammen ergibt das Wettersüppchen."

Mit einfachen Wettersymbolen lernen die Kinder, über Wetterphänomene zu sprechen. Dabei durchschauen sie die ersten Zusammenhänge des Wettergeschehens. Eine Sprachförderung ist wie immer dabei.

Wetter ist nicht Klima!

Wetter gibt es an bestimmten Orten zu einer bestimmten Zeit: Während es in A-Dorf regnet, kann in B-Stadt die Sonne scheinen. Von *Witterung* spricht man, wenn das Wetter an einem Ort über einen längeren Zeitraum anhält. Fachleute sprechen auch von einer „Großwetterlage". Mit *Klima* bezeichnet man einen längeren Zeitraum. Meteorologen sagen, dass man das Wetter mindestens 30 Jahre lang messen und in Durchschnittswerten festhalten muss.

Ein Blick in den Geräteschrank der Meteorolog:innen

Das bekannteste Wettermessgerät ist das *Thermometer*. Schauen Sie mit den Kindern gemeinsam unterschiedliche Geräte an: digitale Thermometer und Flüssigkeitsthermometer. Je wärmer es wird, desto höher steigt die Flüssigkeit. Die Temperatur misst man in Deutschland in Grad Celsius. Seit 2009 sind quecksilberhaltige Thermometer verboten.

Bewegungsritual zum Wetterforschen

Ein schönes Ritual zum Einstieg in die Wetterversuche mit viel Bewegung: Sie brauchen nur ein bisschen Platz, Wettersymbolkarten (Kopiervorlage im Anhang) in doppelter Ausführung und flotte Musik.

Besprechen Sie mit den Kindern zunächst die Wettersymbole. Fallen den Kindern bestimmte Bewegungen zu den Symbolen ein? Die Wettersymbole werden an der Wand befestigt. Die doppelten halten Sie in der Hand. Die Kinder bewegen sich zu der Musik im Raum. Stoppen Sie die Musik und halten Sie eine Wettersymbolkarte hoch. Die Kinder laufen zu der entsprechenden Symbolkarte an der Wand und führen die vorher vereinbarten Bewegungen aus.

Vorschläge:
- Sonnenschein: vorsichtig über das Gesicht streichen
- Regen: leise auf der Stelle mit den Füßen trippeln
- Schnee: auf den Boden legen und Arme und Beine weit ausstrecken
- Gewitter: laut mit den Füßen trampeln und mit den Händen Blitze in die Luft zeichnen
- Wind: Arme hochhalten und den Oberkörper hin- und herbewegen
- Wolken: mit den Händen Wolken in die Luft zeichnen

Regenmesser befinden sich im Freien. Die meisten haben einen Trichter, durch den das Regenwasser in ein Sammelgefäß mit einer Skala läuft. Einmal am Tag wird die Wassermenge gemessen. Einen einfachen Regenmesser können Sie mit den Kindern bauen: 1 Milliliter Regenwasser entspricht 1 Liter pro Quadratmeter Boden.

Ein *Barometer* zeigt den Luftdruck an. Den Luftdruck gibt man in Hektopascal (hPa) an. Nicht immer zeigt steigender Luftdruck gutes und fallender Luftdruck schlechtes Wetter an. Zu dieser Aussage braucht man weitere Wetterdaten.

Das *Hygrometer* misst die Luftfeuchtigkeit. Es misst, wie viel Wasserdampf in der Luft ist. Das Hygrometer funktioniert tatsächlich mit einem Menschenhaar, das sich bei Feuchtigkeit ausdehnt.

Ein *Anemometer* kennt kaum jemand. Vielleicht können Sie sich eines von einer Schule oder Universität ausleihen. Das Gerät misst die Windgeschwindigkeit und die Windrichtung. Es hat drei halbkugelige Schalen, die vom Wind bewegt werden. An einer Skala liest man die Ergebnisse ab. Gemessen wird mit einem Anemometer in zehn Metern Höhe.

V1 Regenmelder

Feuermelder kennen die Kinder. Sie hängen an der Wand oder Decke und warnen vor Feuer. Einen „Regenmelder" kennen die Kinder vermutlich noch nicht. Mit einem einfachen physikalischen Vorgang „erkennen" Kiefernzapfen das Wetter – probieren Sie es aus!

Was brauchen Sie dazu?

- mehrere Kiefernzapfen, geöffnete und geschlossene (alternativ Fichten- oder Lärchenzapfen – keine Tannenzapfen)
- Glas
- Wasser
- Schnur

So wird's gemacht

1. Legen Sie einen geöffneten Kiefernzapfen in ein Glas mit Wasser und warten Sie ein bis zwei Stunden.
2. Beobachten Sie mit den Kindern, was mit dem Zapfen geschieht. Vergleichen Sie ihn mit einem, der an der Luft lag.
3. Hängen Sie dann einen Kiefernzapfen vor das Fenster. Jeden Morgen macht ein Kind die „Wettervorhersage".

Das passiert

Öffnen sich die Schuppen, wird das Wetter wahrscheinlich freundlich und es regnet nicht. Sind die Schuppen geschlossen, wird es bald regnen oder es regnet bereits. Um den Effekt schnell sehen zu können, legt man den Zapfen ins Wasser. Überlegen Sie mit den Kindern: Warum „macht" der Zapfen das? Wie können wir das für uns nützen?

Ihr fachwissenschaftlicher Rucksack

Um ihre wertvollen Samen nur bei günstigen Bedingungen freizusetzen, schließen die Kiefernzapfen ihre Schuppen bei Feuchtigkeit. Ist es feucht, quellen die Schuppen auf und verschließen sich dadurch. Die Samen sind so vor Nässe geschützt. Ist es trocken, verlieren Schuppen das Wasser und die Zapfenschuppen biegen sich auseinander – die Samen können dann verbreitet werden. Das Öffnen und Schließen kann sich viele Male wiederholen. Dieser Mechanismus macht den Kiefernzapfen zum Regen- und Wettermelder.

V2 Wie Wolken entstehen

Leichte Schlieren am Himmel, Wolken in flauschiger Schäfchenform oder dunkel und Gewitter ankündigend – Wolken gibt es in vielen Formen. Doch wie entstehen die Gebilde am Himmel? Bei diesem Versuch lassen die Kinder Wolken in einer Flasche entstehen.

Was brauchen Sie dazu?

- 1,5-l-PET-Flasche mit Deckel (ohne Etikett)
- 150 ml Wasser
- Trichter
- Messbecher
- lange Zündhölzer

So wird's gemacht

1. Die Kinder füllen Wasser in die Plastikflasche.
2. Dann zünden Sie ein Zündholz an und lassen es kurz brennen.
3. Nach dem Auspusten halten die Kinder das Zündholz, das noch raucht, über die Flaschenöffnung.
4. Dann wird die Flasche verschlossen, mit beiden Händen fest zusammengedrückt und wieder losgelassen.

Das sieht man

Beim Loslassen bildet sich Nebel in der Flasche. Das ist bereits eine Wolke. Wenn man die Flasche wieder zusammendrückt, verschwindet der Nebel wieder. Drückt man mehrmals hintereinander, erkennt man „Wolke da“ und „Wolke weg“ noch besser. Bei der Wolke handelt es sich nicht um den Rauch des Zündholzes, da dieser ja immer sichtbar sein müsste, sondern um kondensierten Wasserdampf. Eine Wolke am Himmel entsteht genau nach dem gleichen Prinzip.

Ihr fachwissenschaftlicher Rucksack

In der Luft befindet sich ständig Wasserdampf (gasförmig). Er ist aus Seen, Meeren und Flüssen aufgestiegen, wenn die Sonne scheint. Wolken entstehen, wenn Luft aufsteigt, in höheren Schichten der Atmosphäre abkühlt und der Wasserdampf in dieser Luft sich dadurch in kleine Wassertröpfchen (flüssig) umwandelt. Das nennt man *Kondensation*. Die vielen Wassertröpfchen sind so fein, dass sie nicht nach unten fallen und in großer Zahl die sichtbare Wolke bilden. Allerdings braucht es für die Kondensation noch etwas: Die Wassertröpfchen benötigen etwas, an dem sie sich „niederschlagen“ können, also einen Körper, an dem sich diese Tröpfchen bilden können. Das können Staubkörnchen sein, aber auch Blütenpollen oder Ruß. Diese Partikel werden *Kondensationskerne* genannt. Die Wasserteilchen hängen sich an diese Kondensationskerne, sammeln sich und werden zu einer Wolke. Mithilfe von Wolken kann man das Wetter voraussagen.

V3 Die tanzende Kobra

Dieses Stück Volkskunst darf zur Adventszeit in vielen Haushalten nicht fehlen: traditionelle Weihnachtspyramiden aus dem Erzgebirge. Beinahe wie von Zauberhand drehen sich die Pyramiden – aber eben nur beinahe. Was warme Luft mit diesem Phänomen zu tun hat, erfahren die Kinder mit der tanzenden Kobra.

Was brauchen Sie dazu?

- Scheren
- Buntstifte
- Faden und Nadel
- Bastelvorlage: Kobra
- Teelicht oder Heizung
- feuerfeste Unterlage

So wird's gemacht

1. Die Kinder schneiden die Spirale aus und bemalen sie in bunten Farben.
2. Sie stechen ein Loch in die Mitte der Spirale und ziehen den Faden hindurch.
3. Danach halten sie die Spirale (die „Kobra") über die Wärmequelle.

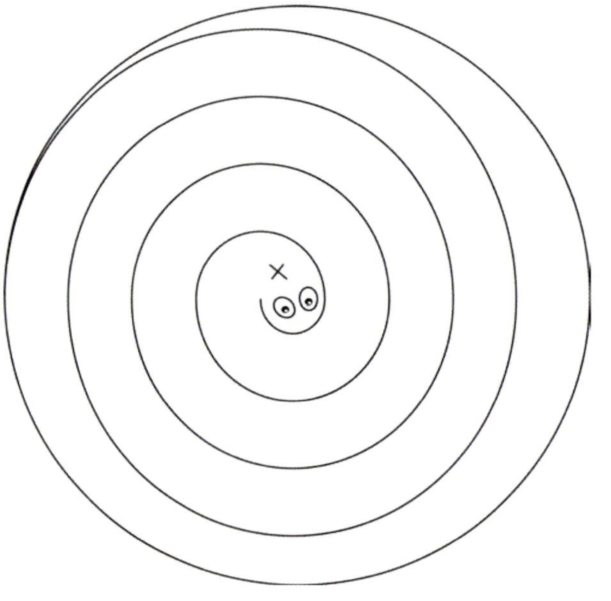

Das sieht man

Die Spirale beginnt sich zu drehen. Die warme Luft, die von der Wärmequelle aufsteigt, drückt von unten auf die Flächen der Papierspirale. Diese gibt dem Druck nach, indem sie ihn in eine Drehbewegung umsetzt. Nach demselben Prinzip funktionieren die Weihnachtspyramiden. Hier bewegt die aufsteigende warme Luft ein Flügelrad. Schauen Sie gemeinsam mit den Kindern eine solche traditionelle Handarbeit an. Wie kann man die Geschwindigkeit des Drehens beschleunigen? Können wir eine solche Pyramide bauen?

Ihr fachwissenschaftlicher Rucksack

Warme Luft ist leichter als kalte Luft. In einem Zimmer oder einem geschlossenen Raum steigt warme Luft daher nach oben und bleibt an der Decke „stehen", während sich kalte Luft in Bodennähe sammelt. Auch in der Atmosphäre befinden sich ständig große Massen warmer und kalter Luft. Beide sind in ständiger Bewegung: Warmluft steigt bis in große Höhen auf. Gleichzeitig fließt kühlere Luft nach, um sie zu ersetzen. Dadurch entsteht eine Zirkulation.

V4 Wer drückt denn da?

Dieser Postkartentrick fasziniert Kinder immer wieder. Luft können sie nicht anfassen, nicht sehen und in reiner Form nicht riechen. Dennoch ist sie ständig da und macht sich in folgendem Versuch bemerkbar.

Was brauchen Sie dazu?

- Glas mit glattem Rand
- Postkarte
- Wasser
- Waschbecken

So wird's gemacht

1. Die Kinder füllen das Glas mit Wasser und drücken die Postkarte mit der glatten Seite nach unten fest auf das Glas.
2. Sie halten die Postkarte zunächst fest und drehen das Glas um.
3. Dann nehmen sie die Hand von der Postkarte.

Das sieht man

Das Wasser fließt nicht aus dem Glas. Es ist der Luftdruck, der von unten drückt und dadurch die Postkarte an das Glas presst. Er hat mehr „Kraft" als Luft und Wasser im Glas zusammen. Was passiert, wenn die Kinder mehr oder weniger Wasser ins Glas einfüllen?

Ihr fachwissenschaftlicher Rucksack

Luft hat Gewicht und übt Druck aus. Verblüffend für die Kinder ist, dass auf jedem Menschen durchschnittlich 17.300 kg Luft, so viel wie drei bis vier ausgewachsene Elefanten, lasten. Daran sind wir von Geburt an gewöhnt – es fällt uns nicht mehr auf. Bei diesem Versuch ist der äußere Luftdruck etwas größer als die Summe aus dem Luftdruck im Glas und dem „Schweredruck" des Wassers – die Abdeckung wird durch den äußeren Luftdruck auf den Glasrand gedrückt und dichtet so das Glas ab. Es fließt kein Wasser heraus.

V5 Wo kommt denn das Wasser her?

Im Sommer eine eiskalte Wasserflasche aus dem Kühlschrank – herrlich! Doch warum wird die Flasche nass? Sie ist doch gar nicht ins Wasser gefallen? Das Wasser kommt aus der Luft – und das stellen die Kinder in diesem Experiment nach.

Was brauchen Sie dazu?

- Konservendose ohne Etikett, wenn möglich ohne Rillen
- Wasser
- Eiswürfel

So wird's gemacht

1. Die Kinder füllen die Konservendose mit Wasser und Eiswürfeln.
2. Sie beobachten die Dose nur von außen. Bleibt sie glänzend? Wird sie matt?

Das sieht man

Nach einiger Zeit bilden sich auf der Außenhaut der Konservendose kleine Wassertröpfchen, die nicht aus der Konservendose stammen können. Sie müssen aus der Luft stammen. Es handelt sich um Luftfeuchtigkeit, den Tau. Die Kinder können den Tau mit den Fingern wegwischen. Er bildet sich wieder neu, bis das Eis in der Dose geschmolzen ist. Die Kinder bekommen den Auftrag, nach „Morgentau" zu forschen. Wann entsteht er? Wo schlägt er sich nieder?

Ihr fachwissenschaftlicher Rucksack

Abgekühlte Luft kann den Wasserdampf, der in der Luft vorhanden ist, nicht mehr halten. Wenn es über Nacht kälter wird, bilden sich daher zum Beispiel an Autos, aber auch auf dem Rasen kleine Tropfen. Die werden Tau genannt. Früher sagte man, wer früh aufsteht, sei „vor Tag und Tau" unterwegs. In unserem Versuch kühlt die Dose sich durch das Eis sehr stark ab. Der Wasserdampf aus der Luft wird an der Konservendose zu Wassertröpfchen. Diese schlagen sich außen auf der Dose nieder. In der Meteorologie wird ein sogenanntes *Psychrometer* verwendet, um die relative Luftfeuchtigkeit zu bestimmen.

V6 Gewitter im Luftballon

Kinderfragen rund um das Gewitter gehören zu den Klassikern. Warum blitzt es und donnert es – meistens – kurz darauf? Bei diesem Versuch können die Kinder den Unterschied zwischen der Geschwindigkeit von Schallwellen und Lichtwellen erleben.

Was brauchen Sie dazu?

- Luftballon
- Trichter
- Mehl
- Nadel
- unempfindliche Kleidung

So wird's gemacht

1. Füllen Sie mithilfe des Trichters Mehl in den Luftballon. Pusten Sie ihn erst danach auf und verknoten Sie ihn.
2. Zwei Kinder entfernen sich mit dem Ballon und der Nadel ca. 200 Meter (Schritte zählen!) von den übrigen Kindern.
3. Alle Kinder sollten sich gut sehen können. Ein Kind hält den Luftballon vom Körper entfernt hoch, das andere bringt ihn mit der Nadel zum Platzen.

Das sieht man

Die Kinder sehen zuerst die Mehlwolke und hören erst später den Knall des Luftballons.

Ihr fachwissenschaftlicher Rucksack

Die wichtigsten Zutaten für Gewitterwolken sind aufsteigende Luft und Wasserdampf. Gewitter bilden sich, wenn feuchte Luftmassen zusammenströmen und aufsteigen. Es entsteht zuerst eine riesige Gewitterwolke. Nun laden sich im Innern der Wolke Eiskristalle und Wassertropfen auf. Es baut sich eine immer größere Spannung auf.

Irgendwann kommt es zu einem gigantischen Kurzschluss – dem Blitz. Durch die gewaltige Hitze – mehrere Tausend Grad – dehnt sich die Luft um den Blitz herum mit einem gewaltigen Knall aus, ähnlich einer Explosion. Dieses laute Krachen ist der Donner. Zuerst sieht man den Blitz, später erst hört man den Donner.

Sehen, Hören, Fühlen & Co.

Eine Reise in die Welt der Sinne

Kinder sind ständig auf Empfang: Mit ihren Sinnen sind sie rund um die Uhr auf Entdeckungstour. Die Welt stellt für sie ein großes Abenteuer dar. Ihnen fallen viele Details auf, die für uns Erwachsene alltäglich sind. Sie beobachten die Menschen und Dinge um sie herum und teilen uns mit, was für sie neu, unbegreiflich und noch unerklärlich ist. Dabei stellen sie viele Fragen und wollen alles ganz genau wissen. Gerade diese Neugierde ist wichtig und hilft den Kindern dabei, die Welt zu verstehen. Um ihr Umfeld wahrnehmen zu können, nutzen sie von Beginn an alle ihre Sinne. In diesem Kapitel gehen die Kinder ihren Sinnen mit verschiedenen Experimenten auf die Spur.

Sehen, Hören, Fühlen & Co.

Wahrnehmungsförderung in der Kita

Unsere Sinne helfen uns jeden Tag dabei, unsere Umwelt zu erleben. In den ersten Lebensjahren lernt das kindliche Gehirn, die verschiedensten Sinneseindrücke zu einem „sinn-vollen" Ganzen zu verknüpfen. Eine gezielte und umfangreiche Wahrnehmungsförderung ist demnach nicht nur für die körperliche Entwicklung, sondern auch für das geistige und seelische Wohlbefinden wichtig.

„Bei diesem aktiven Prozess des Wahrnehmens begreifen Kinder die Welt in ihrer Differenziertheit, versuchen, sich darin zurechtzufinden und sie zu begreifen. Dazu brauchen sie vielfältige Gelegenheiten zu sinnlich wahrnehmbaren Welterfahrungen, Zeit und Raum zum Erforschen, Experimentieren, Ausprobieren und Erleben innerhalb unterschiedlicher Erfahrungsfelder." (Bildungsplan Baden-Württemberg)

Die Förderung der Sinneswahrnehmungen der Kinder sollte deshalb fester Bestandteil der Kompetenzen sein, die Sie im Kindergartenalltag vermitteln. Die Kinder erfahren, welche Sinne es gibt und wofür der Mensch sie braucht. Auch erfahren sie, wie ihr Seh-, Geruchs-, Hör-, Geschmacks- und Tastsinn funktioniert und wann man welchen Sinn wie einsetzen kann. Besonders spannend sind Versuche, mit denen sie ihre Sinnesorgane ausprobieren und somit mehr über ihren Körper erfahren können.

Unsere Sinne – Tore zur Welt

Sinne nehmen Reize wahr. Wir verdanken ihnen viele, zum Teil lebensnotwendige Informationen über unsere Außen- und Innenwelt. Der griechische Philosoph und Wissenschaftler Aristoteles (384–322 v. Chr.) teilte die Sinne klassisch in Sehen, Hören, Fühlen, Schmecken und Riechen ein. Er hatte aber bereits Vermutungen, dass der Fühlsinn differenziert werden müsse: in Wahrnehmung von Druck, Schmerz, Wärme und Kälte.

Fragen Sie Neurowissenschaftler:innen, so fügen diese den fünf klassischen Sinnen weitere hinzu: den Gleichgewichtssinn und das Körperempfinden. Der Gleichgewichtssinn gibt uns räumliche Orientierung, die Kontrolle der Augen- und Kopfbewegungen sowie die Körperbalance.

Darüber hinaus nehmen unsere Sinnesorgane nicht nur Reize von außen auf, sondern auch von innen. Jeder, der schon einmal Kopfweh, Seitenstechen, Hunger oder Durst gehabt hat, weiß das. Eine weitere wichtige Einteilung der Sinne ist auch die Unterscheidung in Fernsinne (Sehsinn, Hörsinn) und Nahsinne (Tastsinn, Geruchssinn, Geschmackssinn).

Die Sinnesorgane (Augen, Ohren, Haut, Zunge und Nase) enthalten eine Vielzahl an Sinneszellen, welche die Sinneswahrnehmungen aufnehmen können, die sogenannten *Rezeptoren*. Allein in der Haut liegen unterschiedliche Rezeptoren für leichte Berührungen, für Vibrationen, für starken Druck, für die Dehnung der Haut, Temperatur, Schmerz, chemische Substanzen etc.

Ohne unser Gehirn geht gar nichts

Die Wahrnehmung der Umgebung findet erst in unserem Gehirn statt. Die Sinnesorgane wandeln die ankommenden Signale (Reize) aus der Umgebung in elektrische Impulse um. Diese Impulse werden an das Gehirn weitergeleitet. Unser Gehirn wertet die elektrischen Impulse aus. Jetzt findet die eigentliche Wahrnehmung statt: das Sehen, Hören, Tasten, Fühlen, Riechen oder Schmecken. Ständig gelangen aber sehr viele Reize gleichzeitig an unsere Sinnesorgane. Das Gehirn muss daher blitzschnell entscheiden, welche Informationen wirklich bedeutend sind. Nur diese werden vom Gehirn ausgewertet.

Sinnlos?

Jedes unserer Sinnesorgane kann nur einen ganz bestimmten Reiz wahrnehmen: das Ohr den Schall und das Auge das Licht. Für einige Reize aber fehlen uns Sinnesorgane. Wir können beispielsweise weder magnetische Felder noch Radioaktivität wahrnehmen. Hierfür sind wir auf Messgeräte angewiesen.

Ist ein Sinn geschädigt oder fällt er ganz aus, z. B. bei Taubheit oder Blindsein, ist die Reizaufnahme aus der Umwelt durch die Sinnesorgane nicht mehr möglich. Leichte Störungen der Funktion der Sinnesorgane lassen sich teilweise durch Hilfsmittel wie Brillen oder Hörgeräte kompensieren. Eine Abnahme der Sinnesleistungen im Alter ist normal.

Unsere Augen – die Fenster zur Welt

Welcher Sinn würde Ihnen am meisten fehlen, wenn Sie ihn verlieren würden? Sicher antworten Sie: „Der Sehsinn". Wir leben in einer visuell geprägten Welt: Bücher, Smartphones, Fernseher bestimmen unsere Informationsaufnahme. Gerade der digitale Wandel hat das Visuelle in den letzten Jahren in den Vordergrund gerückt. Aber auch unsere Orientierung in der Umwelt ist ohne Augen sehr viel schwieriger.

Bis zu 80 Prozent aller Eindrücke nehmen wir mit unserer „eingebauten Kamera" wahr. Und wenn andere Sinne wie Schmecken oder Riechen ausfallen, sind es die Augen, die uns vor Gefahren am besten schützen. Der Sehsinn ist nicht nur der wichtigste, sondern auch der komplexeste. Die Kinder sollten möglichst früh die Funktion ihrer Augen kennenlernen und für die Gefährdung und den Schutz dieses Sinnesorgans sensibilisiert werden.

Wunderwerk Auge

Das Auge ist ein ausgeklügeltes, kompliziertes Wunderwerk. Bevor man etwas sieht, müssen viele kleine Arbeitsschritte im Auge ablaufen – und das in einer wahnsinnig hohen Geschwindigkeit. Sehr vereinfacht gesagt, ähnelt das Auge einer Kamera: Die Linse erzeugt im Zusammenspiel mit dem geleeartigen Glaskörper in der Augenkammer ein kopfstehendes Bild der Außenwelt auf der Netzhaut. Diese wirkt wie der lichtempfindliche Film in der Kamera. Die Sinneszellen in der Netzhaut leiten die Signale weiter in den Sehnerv. Dieser überträgt die Impulse in das Zwischenhirn, von dort gelangen die Reize in das Sehzentrum des Großhirns. Dort erzeugt das Gehirn aufgrund der schon vorhandenen Erfahrungen und Informationen aus den vom Auge kommenden Signalen das Bild, das wir sehen.

Auf dem Weg durchs Auge

Damit wir einen Gegenstand sehen können, muss Licht auf ihn fallen und wieder reflektiert werden (Kapitel 7). Die Lichtstrahlen durchdringen zuerst den Tränenfilm auf dem Auge und gelangen dann über die Hornhaut bis zur Pupille. Diese steuert, wie viel Licht ins Auge kommt. Weiter fallen die Lichtstrahlen durch die Linse und den Glasköper auf die Netzhaut. Die Netzhaut ist der lichtempfindliche Teil des Auges. Hier liegen die Lichtsinneszellen, die man aufgrund ihrer Form in Stäbchen und Zapfen unterteilt. Die Zapfen dienen dem Farbensehen. Die Stäbchen sind für das Hell-Dunkel-Sehen zuständig. In der Sehgrube (Gelber Fleck) finden sich besonders viele Lichtrezeptoren. An dieser Stelle sieht man besonders deutlich. Am Blinden Fleck mündet der Sehnerv ins Auge, hier befinden sich keine Lichtsinneszellen.

Über den Sehnerv werden die erzeugten Signale in das Gehirn weitergeleitet und als Sinneseindruck verarbeitet. Räumliches Sehen etwa erfordert Sehen mit beiden Augen. Jedes Auge nimmt einen etwas anderen Ausschnitt der Umgebung wahr. Erst das Gehirn verarbeitet die beiden Bilder zu einem räumlichen Eindruck.

Und wie erkläre ich das Sehen?

Die erste überlieferte Erwähnung einer Erklärung des Sehvorgangs findet man in der Schrift *Schatz der Optik* von Abu Ali al-Hasan ibn al-Haytham, der um die Jahrhundertwende zum 11. Jahrhundert in Bagdad und in Kairo lebte. Wenn man jüngere Kinder fragt: „Wie kommt es, dass man Gegenstände sehen kann?“, antworten die meisten: „Man sieht sie, weil das Auge den Blick auf sie wirft.“ Sie meinen, das Auge sei dabei aktiv, es sende etwas aus, das Form und Farbe der Gegenstände „aufnimmt“, irgendetwas, das schwer zu bestimmen ist. Nur ganz wenige Kinder denken, dass etwas von den Gegenständen ausgeht und ins Auge fällt, das Auge „trifft“. Hier hilft eine vereinfachte Zeichnung mit kindgerechten Erklärungen. Ein Augenmodell – ausgeliehen aus einer benachbarten Schule – kann zum besseren Verständnis herangezogen werden.

Wertvolles muss geschützt werden

Vielfältige Schutzeinrichtungen des Auges gewährleisten, dass dieses wichtige Sinnesorgan keinen Schaden nimmt: Die knöcherne Augenhöhle, die mit Fettgewebe ausgekleidet ist, schützt das Auge vor Druck und Stoß. Die Augenlider sorgen dafür, dass die Hornhaut ständig mit Tränenflüssigkeit feucht gehalten wird. Der Lidschlussreflex verhindert, dass Fremdkörper ins Auge gelangen. Dabei filtern die Wimpern die Partikel aus. Kommen dennoch kleine Staubkörnchen o. Ä. hinein, so werden diese von der Tränenflüssigkeit ausgeschwemmt. Die Augenbrauen über dem Auge verhindern, dass Schweiß von der Stirn ins Auge fließt. Sie leiten ihn vom Auge ab.

Wenn das Auge Hilfe braucht

Manche Kinder können nicht gut (scharf) sehen. Sie leiden unter einer Fehlsichtigkeit. Bei manchen Fehlsichtigkeiten werden die Lichtstrahlen nicht richtig gebrochen. Der Brennpunkt dieser Lichtstrahlen liegt dann nicht auf der Netzhaut. Es entsteht nur ein unscharfes Bild. Bei Fehlsichtigkeiten unterscheidet man Kurz- und Weitsichtigkeit.

Bei der Kurzsichtigkeit werden weit entfernte Gegenstände unscharf gesehen. Der Augapfel ist zu lang. Zur Korrektur tragen die Kurzsichtigen eine Brille mit Zerstreuungslinsen. Weitsichtige sehen nahe Gegenstände nicht scharf. Hier ist der Augapfel zu kurz. Eine Sammellinse bündelt die Strahlen und gleicht damit diesen Fehler aus.

Können wir unseren Augen trauen?

Unser Gehirn empfängt ständig Signale vom Auge und wertet sie aus. Neue Sinneseindrücke werden mit früheren verglichen. Widersprechen die neuen Sinneseindrücke den früheren Erfahrungen, kommt es zu einer Sinnestäuschung. Das nennt man auch *optische Täuschung* oder *optische Illusion*. Optische Täuschungen können nahezu alle Aspekte des Sehens betreffen. Es gibt Tiefen-, Farb-, Bewegungs- und geometrische Illusionen. Bücher mit optischen Täuschungen bringen die Kinder bestimmt zum Staunen! Im Folgenden finden Sie noch weitere Anregungen und kleine Versuche rund um das Auge.

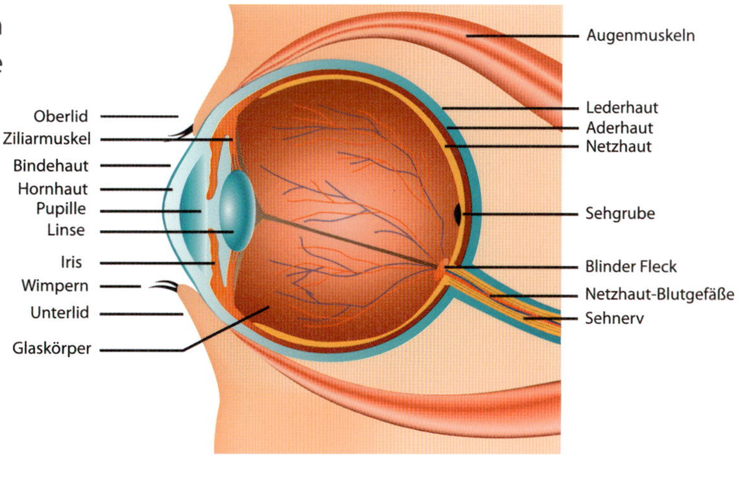

V1 Warum haben wir Augenbrauen?

Was brauchen Sie dazu?

- Pipette oder Wattebausch
- sauberes Wasser

So wird's gemacht

1. Die Kinder füllen die Pipette mit Wasser oder tauchen den Wattebausch ins Wasser.
2. Sie tropfen ihrem Gegenüber einige Tropfen auf die Stirn und verfolgen den Lauf des Wassers.

Das sieht man

Die Augenbrauen verhindern, dass das Wasser in die Augen läuft.

Das passiert

Die Augenbrauen verhindern, dass salzhaltiger Schweiß die Augen reizt.

V2 Warum blinzeln wir?

Was brauchen Sie dazu?

- Föhn
- Stoppuhr
- Taschenlampe

So wird's gemacht

1. Zuerst pustet ein Kind dem anderen in Richtung auf die Augen. Alternativ wird kurz ein Föhn angeschaltet und der Luftstrahl auf das Auge gerichtet.
2. Das Kind versucht, so lange wie möglich (Stoppuhr) die Augen geöffnet zu halten.
3. Ein Kind leuchtet dem anderen mit der Taschenlampe in das Auge.

Das sieht man

Die Augen schließen sich sofort. Nach einiger Zeit beginnen die Augen zu brennen. Die Pupille – im Dunkeln groß – wird schlagartig klein.

Das passiert

Der Lidschluss verhindert, dass mit der Luft Fremdkörper ins Auge gelangen. Es handelt sich um einen Reflex (eine unwillkürliche Reaktion auf einen von außen kommenden Reiz). Das Auge brennt, weil die Tränenflüssigkeit aus den Tränendrüsen nicht durch den Lidschlag auf dem Auge verteilt wird.

Die Pupille reguliert den Lichteinfall. Muskeln können die Iris, den farbigen Ring um die Pupille, vergrößern und verkleinern.

V3 Warum liegen die Augen in Höhlen?

Was brauchen Sie dazu?

- Knete
- Eierbecher
- Kochlöffel

So wird's gemacht

1. Die Kinder formen eine Kugel aus Knete und schlagen mit dem Kochlöffel darauf.
2. Anschließend legen sie die neu geformte Knetgummikugel in einen Eierbecher und schlagen erneut darauf.

Das sieht man

Die Knetkugel wird plattgedrückt. Der Teil im Eierbecher bleibt kugelig.

Das passiert

Die knöcherne Augenhöhle schützt die empfindlichen Augen.

V4 Warum brauchen wir zwei Augen?

Was brauchen Sie dazu?

- Kreide

So wird's gemacht

1. Die Kinder zeichnen einen Kreidestrich auf den Boden und balancieren zuerst mit offenen Augen darüber. Dabei wird immer ein Fuß direkt vor den anderen gesetzt.
2. Dann halten sie sich das rechte Auge zu und balancieren erneut.
3. Ein dritter Versuch wird mit geschlossenem linkem Auge durchgeführt.

Das sieht man

Mit beiden Augen klappt das Balancieren gut. Sobald ein Auge geschlossen wird, ist das „Spurhalten“ (Gleichgewicht halten) viel schwieriger.

Das passiert

Für Bewegungen brauchen wir beide Augen und das Gleichgewichtsorgan (Kapitel 9), um die Balance zu halten.

V5 Wie kann ich genauer zielen?

Was brauchen Sie dazu?

- Papier
- Bleistift

So wird's gemacht

1. Die Kinder zeichnen einen kleinen Kreis auf ein Papier.
2. Dann halten sie sich ein Auge mit der flachen Hand zu.
3. Nun versuchen sie, zügig einen Punkt in die Mitte des Kreises zu setzen.
4. Anschließend versuchen sie es erneut mit beiden geöffneten Augen.

Das sieht man

Mit beiden Augen klappt das Zentrieren des Punktes sehr viel genauer. Sobald ein Auge geschlossen wird, ist das „Zielen" viel schwieriger.

Das passiert

Für das räumliche Sehen brauchen wir beide Augen.

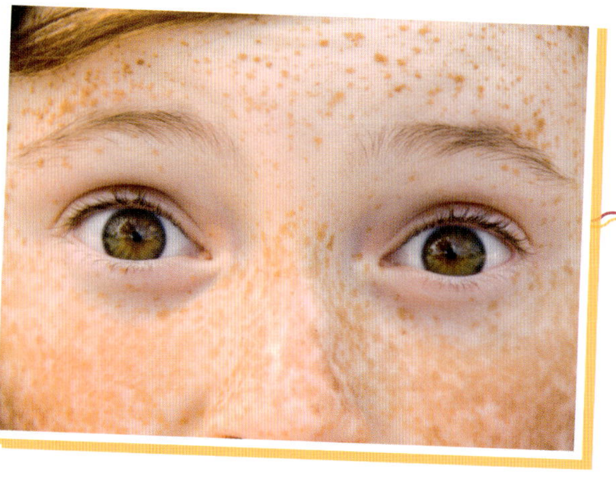

V6 Kann ich rundum alles sehen?

Was brauchen Sie dazu?

- 2 Stifte

So wird's gemacht

1. Die Kinder nehmen jeweils einen Stift in die Hand und breiten die Arme aus.
2. Die gestreckten Arme führen sie langsam nach vorne, bis sie sich in der Mitte treffen. Ab wann nehmen die Kinder die Stifte in den Händen wahr?

Das sieht man

Die Kinder sehen die Stifte erst, wenn diese im Gesichtsfeld erscheinen.

Das passiert

Schaut man geradeaus und bewegt weder Kopf noch Augen, nimmt man die Umgebung – rechts und links von sich – nur in gewissen Grenzen wahr. Diesen Bereich nennt man Gesichtsfeld.

V7 Wie kommt es zu einem Nachbild?

Was brauchen Sie dazu?

- weißes Blatt mit einem großen roten Punkt
- weiße Wand

So wird's gemacht

Die Kinder schauen längere Zeit konzentriert auf den roten Punkt und anschließend auf die weiße Wand.

Das sieht man

Die Kinder sehen plötzlich einen grünen Punkt auf der Wand.

Das passiert

Es handelt sich um ein Nachbild. Es entsteht durch die „Ermüdung" einiger Zapfen (verantwortlich für das Farbensehen). Blickt man auf eine weiße Fläche, arbeiten die „fitten" Zapfen wie gewöhnlich, die „müden" jedoch senden ein inaktives Signal zum Gehirn. So entsteht ein imaginäres Bild in der Komplementärfarbe des Originalbildes, das bald wieder verschwindet.

V8 Rote Bananen?

Was brauchen Sie dazu?

- Bastelvorlage: Brille
- Schere
- Kleber
- verschiedenfarbige Klarsichtfolien

So wird's gemacht

Basteln Sie zuerst mit den Kindern eine einfache Brille. Kleben Sie dann rote, grüne oder gelbe Folie als „Gläser" in die Brille. Die Kinder schauen verschiedene Obst- und Gemüsesorten durch die Brille an.

Das sieht man

Die Kinder sehen plötzlich Obst und Gemüse in anderen Farben.

Das passiert

Farbfilter absorbieren Teile des einfallenden Lichtes und verändern damit seine Zusammensetzung. Ein Rotfilter lässt zum Beispiel rotes Licht durch und blockiert dabei grünes und blaues. Gelbfilter verdunkeln Blau, hellen Rot und Grün auf.

Wir sind ganz Ohr!

Klein, aber oho! Das menschliche Ohr ist nur ein kleiner Körperteil, aber seine Bedeutung ist weit größer, als die meisten erwarten. Das Innenohr, das eigentliche Hörorgan, und das Mittelohr sind schon vor der Geburt in voller Größe entwickelt und wachsen nach der Geburt nicht mehr weiter. Jeder Erwachsene trägt in seinem Kopf das gleich große Innenohr, mit dem er zur Welt kam.

Eingebaute Alarmanlage

Das Ohr ist ein Fernsinn und hört immer: Wir hören rundherum, 360 Grad, jederzeit, Tag und Nacht. Ohren haben keine Lider wie die Augen, die wir schließen können. Sie sind immer geöffnet, hören alles, ob es uns gefällt oder nicht. Das macht unser Gehör zu einem verlässlichen Frühwarnsystem. Schon das leiseste Signal wird wahrgenommen und verarbeitet. Damit kann uns das Ohr warnen und wecken: Es ist immer wach.

Weil die Ohren am Kopf voneinander entfernt liegen, trifft ein Geräusch in einem Ohr Bruchteile von Sekunden früher ein als im anderen. Mit diesem Zeitunterschied messen wir Richtungen, Entfernungen und ganze Räume aus! Der Hörsinn ermöglicht es uns, durch Wände, um die Ecke und nach hinten zu „blicken".

Schall, der uns stört, bezeichnen wir als Lärm. Lärm kann das Gehör schädigen. Diese Gefahr besteht z. B. bei Jugendlichen, die oft laute Musik hören. Bereits jeder vierte Jugendliche hat deshalb einen Hörschaden, der nicht zu beheben ist. Die Lautstärke kann man mit einem Schallpegel-Messgerät oder auch mit einer Handy-App ermitteln. Die Lautstärke wird in Dezibel (dB) gemessen.

Ohren gespitzt und Lauscher auf!

Die Ohrmuschel fängt die Schallwellen auf. Über den etwa 2 cm langen Gehörgang gelangt der Schall zum Trommelfell. Die Schallwellen bringen das Trommelfell zum Schwingen. Diese mechanischen Schwingungen werden von den drei Hörknöchelchen weitergeleitet und dabei verstärkt, weil Hammer, Amboss und Steigbügel wie kleine Hebel wirken. Sie leiten die Schwingungen zur Hörschnecke weiter. Hier erregen die Schwingungen die Hörsinneszellen. Die Hörsinneszellen erzeugen daraufhin elektrische Impulse. Der Hörnerv leitet die Impulse zum Gehirn. Jetzt nehmen wir den Schall wahr: Wir hören.

Gehörlose Menschen verständigen sich oft durch eine Gebärdensprache. Um diese zu erlernen, bedarf es einiger Übung. Schauen Sie doch mit den Kindern z. B. eine Nachrichtensendung, bei der in Gebärdensprache gedolmetscht wird.

Die Ohren sind aber nicht nur für das Hören, sondern auch für das Gleichgewicht zuständig. Drehen wir uns schnell im Kreis, wird uns schwindelig. Dieses Gefühl löst das Gleichgewichtsorgan aus. Es liegt neben der Hörschnecke und wir erkennen auf diese Weise, dass sich unsere Lage ändert.

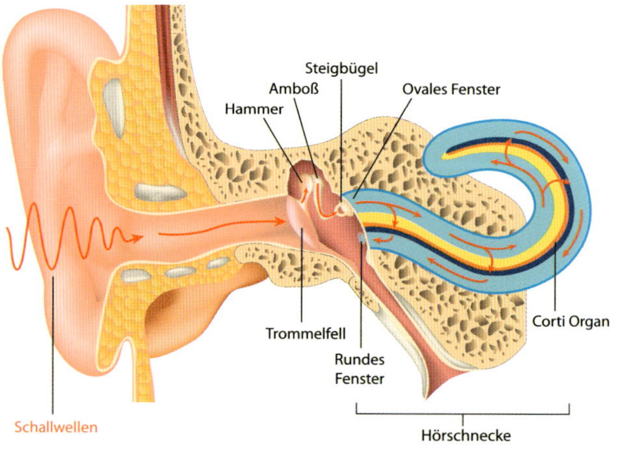

V1 Elefantenohren

Was brauchen Sie dazu?

- Papier DIN A 4
- Klebefilm

So wird's gemacht

1. Die Kinder rollen das Papier zu einem Trichter – das ist ihr Elefantenohr.
2. Nun werden ohne und mit Elefantenohr Geräusche wahrgenommen (flüstern, normal laut reden, auf den Tisch klopfen, Fingerschnipsen, Papier zerknüllen).

Das hört man

Mit dem zum Trichter geformten „Elefantenohr" hören die Kinder viel besser. Die Ohrmuschel wird so um ein Vielfaches vergrößert und die Schallwellen gelangen besser in den Gehörgang.

Weiterforschen

Vom „Elefantenohr" kann das Gespräch weiter zu anderen Tieren gehen. Wie hört eine Schlange? Wie hört ein Hase? Die Kinder können selbst dazu recherchieren. Eltern, die Hunde und Hundepfeifen besitzen, können das Hören des Hundes vorführen.

V2 Ohren gespitzt!

Was brauchen Sie dazu?

- 8 Filmdöschen oder leere Überraschungseier
- Füllmaterial (z. B. Suppennudeln, Papierschnipsel, Büroklammern, Sand)
- Lösungsblatt
- Buntstifte

So wird's gemacht

1. Füllen Sie jeweils zwei Behälter mit demselben Material.
2. Die Kinder schütteln die Dosen und versuchen, die Geräuschezwillinge zu finden.
3. Die Kinder zeichnen die vermuteten Gegenstände und öffnen dann die Dosen.

Das hört man

Der Versuch erfordert ganz genaues Hören. Nicht immer stimmen die Vermutungen der Kinder mit der Realität überein.

Weiterforschen

Mit dem Handy können auch Geräusche aufgenommen werden. Stellen Sie einen „Geräusche-Spaziergang" zusammen, indem Sie von der Küche (Töpfe klappern) über das Badezimmer (Toilettenspülung oder Zähneputzen) in den Garten (Regen oder Blätterrauschen) Geräusche aufnehmen und die Kinder raten lassen, um welches Geräusch es sich handelt. Entsprechende Fotos dazu können den Höreindruck noch visualisieren.

V3 Das Körperorchester

Was brauchen Sie dazu?

- Geräusche-Kärtchen (z. B. Stampfen, Pfeifen, Klatschen, auf die Brust trommeln, Schnipsen, auf die Oberschenkel patschen, auf die Wangen klopfen)

So wird's gemacht

1. Die Kinder schauen sich die Geräusche-Kärtchen an und beschreiben die Abbildungen.
2. Danach werden alle Geräusche ein- bis zweimal vorgeführt.
3. Nun darf jedes Kind seine eigene „Musik" zusammenstellen.

Weiterforschen

Lärm kann auf Dauer schaden. Experimentieren Sie mit Kopfhörern, Ohrstöpseln und Ähnlichem und sammeln Sie mit den Kindern Beispiele, wo Lärm als störend empfunden wird bzw. gesundheitsschädlich ist.

V4 Ich hör die Kirchenglocken

Was brauchen Sie dazu?

- Löffel
- Schnur (Wolle, Paketschnur), 60 cm
- Schere
- Tischkante

So wird's gemacht

1. Der Löffel wird in der Mitte der Schnur festgebunden.
2. Nun wird die Schnur ein paarmal jeweils um die Zeigefinger gewickelt, und zwar möglichst nah an der Fingerspitze.
3. Beide Finger werden fest in die Ohren gesteckt, als wolle man sich diese zuhalten.
4. Nun beugen sich die Kinder vor, sodass der Löffel frei schwingen kann und an die Tischkante schlägt.

Das hört man

Der Ton, den der Löffel an der Tischkante erzeugt, klingt wie eine Kirchenglocke: voll, tief – und er schwingt nach.

Das passiert

Schallwellen bzw. Vibrationen können durch die Knochen übertragen werden und dabei das Mittelohr umgehen. Die Knochenleitung, auch *Knochenschall* genannt, erfolgt in diesem Fall von der Schnur über die Fingerknochen zu den Schädelknochen. Spezielle Kopfhörer greifen dieses Prinzip auf: Sie senden Schallwellen durch die Schädelknochen und nicht durch das Trommelfell. So kann man Musik hören, ohne dafür Lautsprecher in den Gehörgang einsetzen zu müssen.

Immer der Nase nach ...

Erinnern Sie sich noch an Gerüche aus Ihrer Kindheit? An den Geruch vom Plätzchenbacken vor Weihnachten, den Geruch in einem Stall beim Urlaub auf dem Bauernhof, den Geruch der Umkleidekabine in der Sporthalle? Nicht alle geruchlichen Erinnerungen sind positiv besetzt, manche lösen auch Unbehagen und Ängste aus. Die Assoziation zwischen Gerüchen und positiv oder negativ besetzten Erinnerungen liegt an der Verbindung zwischen der Riechschleimhaut und dem Limbischen System im Gehirn. Dieses ist zuständig für die emotionale Bewertung von Sinneseindrücken.

Die Bedeutung des Geruchs war lange Zeit unterbewertet, man vermied mehrheitlich die Entstehung von Gerüchen. Der Begriff *geruchsneutral* machte die Runde. Mittlerweile erlebt der olfaktorische Sinn ein „Revival": Duftkerzen, Räucherstäbchen, Lavendelkissen und Kräutersäckchen sind in Mode. Geruchswahrnehmungen dürfen wieder eine emotionale Komponente haben.

Hand in Hand mit dem Geschmackssinn

Der Geruchssinn (olfaktorischer Sinn) wird gemeinsam mit dem Geschmackssinn (gustatorischer Sinn) zusammengefasst als die „chemischen Sinne" des Menschen, da sie durch chemische Substanzen (Duftstoffe, Geschmacksstoffe) aktiviert werden. Diese Stoffe werden von speziellen Rezeptoren im Bereich der Zunge (Geschmack) und der Nase (Geruch) gebunden. Über Riechbahnen leiten die Neuronen die Sinneseindrücke in einer Signalkaskade von den Duftstoffrezeptoren bis zu den verarbeitenden Hirnregionen im Großhirn. Geruchs- und Geschmackssinn sind eng miteinander verknüpft und wirken meist zusammen.

Die Aufgabe des Geruchssinns ist es unter anderem, über Nahrungsquellen zu informieren, die Verdauungsreflexe einzuleiten und vor Gefahren zu warnen (z. B. Feuer). Zudem beeinflussen Gerüche unsere Stimmung und unser Wohlbefinden.

Ein Näschen für Gerüche

Die Nasenschleimhaut kleidet die zwei Nasenmuscheln aus. In ihr befinden sich die Geruchssinneszellen und die Drüsen, die den Riechschleim produzieren. Die Duftstoffrezeptoren „erkennen" die kleinen, leicht flüchtigen Duftstoffe. Die Duftwahrnehmung ist ein komplizierter Ablauf verschiedener Schritte, der nicht gleich in Gang kommt. Man spricht von einer Erkennungsschwelle, d. h. unter einer bestimmten Konzentration wird ein bestimmter Duftstoff nicht wahrgenommen. Bei Hunger sinkt die Geruchsschwelle für viele Stoffe, ebenso bei Frauen während des Eisprungs oder der Schwangerschaft. Nach einer gewissen Zeit kommt es zu einer Gewöhnung (Adaptation) der Sinneszellen an einen gebundenen Duftstoff. Man spricht vom *Douglas-Phänomen* und meint damit das Abgestumpftsein der Mitarbeitenden in Parfümerien gegenüber Gerüchen.

Supernasen brauchen Training

Nicht alle Menschen verfügen über einen ausgeprägten Geruchssinn. Ein extremes Beispiel für eine gute Ausprägung des olfaktorischen Systems sind die weltweit 2000 Parfumeure, die bis zu 900 verschiedene Gerüche unterscheiden können. Dies ist aber auch nur durch ständiges Training möglich.

8

Um einen Geruch wahrnehmen und erkennen zu können, schnuppert (vorsichtiges Riechen), wittert (bewusstes Riechen) oder schnüffelt (schnelles Atmen durch die Nase) man, sodass die Luft an den Geruchsrezeptoren im oberen Bereich der Nase vorbeifließt. In der Chemie fächelt man sich mit der Hand Gerüche zu, um nicht eine zu große Menge des – eventuell schädlichen – Duftstoffes einzuatmen.

Schnüffeln außer Konkurrenz: Hundenasen

Wir Menschen werden nie mit dem Geruchssinn der Hunde konkurrieren können. Bis zu 300 Millionen Riechzellen liegen in der Hundenase: Das sind 60-mal mehr Rezeptoren als im menschlichen Geruchsorgan mit etwa fünf Millionen Riechzellen. Trotzdem können wir nicht fünf Millionen Gerüche wahrnehmen, wir haben nur ungefähr 350 verschiedene Rezeptoren, die für unterschiedliche Düfte zuständig sind.

Wir können zwar viele Geruchsstoffe unterscheiden, sie aber meist nicht benennen. Daher teilt man sie in verschiedene Duftkategorien ein.

1. blumig (Rosen)
2. minzig (Pfefferminz)
3. ätherisch (Fleckputzmittel)
4. moschusartig (Moschus)
5. campherartig (Mottenkugeln)
6. faulig (faule Eier)
7. schweißig (Schweiß, ranzige Butter)
8. stechend (Essig)

V1 Was riecht denn da?

Was brauchen Sie dazu?

- 4 Einmachgläser
- 4 Wattebäusche
- 3 Duftöle (Pfefferminz, Vanille, Zitrone)
- Essig

So wird's gemacht

1. Tränken Sie die Watte mit den Duftölen und dem Essig. Die Öle sollten Gerüchen entsprechen, die den Kindern bekannt sein dürften. Der Essig ist bewusst dabei, weil er von den meisten Kindern als unangenehm empfunden wird.
2. Die Kinder riechen an den Einmachgläsern und beschreiben ihre Sinneseindrücke. Fragen Sie bei jedem Glas, was das sein könnte und woran der Geruch erinnert.

Das passiert

Zahnpasta, Bonbons, Kuchen, Plätzchenbacken – die Kinder werden zahlreiche Assoziationen zwischen Gerüchen und Erinnerungen haben. Kinder mit Deutsch als Zweitsprache antworten bei diesem Versuch oft spontan in ihrer Familiensprache. Bemerkenswert ist die Mimik beim Geruchserlebnis Essig, die auch ohne Worte und Sprache bei den Kindern meistens völlig identisch ist.

V2 Detektiv Nase

Was brauchen Sie dazu?

- 11 Stoffstücke
- 2 verschiedene Duftstoffe (verschiedene Duftöle)
- Augenbinde
- luftdichte Plastikbeutel (die Stoffstücke sollten nach Geruch getrennt voneinander aufbewahrt und immer wieder mit den Duftstoffen aufgefrischt werden)

So wird's gemacht

- Beträufeln Sie 9 Stoffstücke mit einem der beiden Duftstoffe.
- Beträufeln Sie 2 Stoffstücke mit dem anderen Duftstoff.
- Legen Sie 10 Stoffstücke im Raum aus (auf einem Tisch, auf dem Boden) – behalten Sie eines der Stoffstücke mit dem zweiten Duftstoff zurück.
- Vor der Tür bekommt ein Kind als „Detektiv Nase" das mit Duftstoff 2 besprühte Stoffstück zum Riechen. Nun muss es, ausgestattet mit einer Augenbinde, das Pendant erschnüffeln.

Das passiert

Kinder haben fast doppelt so viele Geruchsrezeptoren wie Erwachsene. Meist identifizieren sie das Geruchs-Pendant schnell. Der Versuch kann auch Wettbewerbscharakter haben. Welche Gruppe erschnüffelt den Geruch am schnellsten?

V3 Nasenklammer-Versuch

Was brauchen Sie dazu?

- Nasenklammer (z. B. nicht zu feste Wäscheklammer)
- Löffel
- Zucker-Zimt-Mischung

So wird's gemacht

1. Mit einem Löffel wird eine kleine Menge der Zucker-Zimt-Mischung auf die Mitte der Zunge gegeben. Das Kind berichtet über seine Geschmacksempfindung.
2. Nun klemmt das Kind die Wäscheklammer auf die Nase oder hält diese zu. Erneut wird die Geschmacksempfindung beschrieben.

Eine Zucker-Zimt-Mischung besteht lediglich aus zwei Zutaten, nämlich Zimt und Zucker im perfekten Mischungsverhältnis: 10 EL Zucker und 1 gehäufter EL Zimtpulver. Bei der Wahl des Zuckers ist vom herkömmlichen weißen oder braunen Zucker bis hin zu Rohrzucker oder Birkenzucker alles möglich. Bei der Wahl des Zimts sollte auf einen hochwertigen Zimt geachtet werden. Empfehlenswert ist gemahlener Ceylon-Zimt. Zimt wird aus der getrockneten Rinde des Zimtbaums gewonnen und als Stangen oder Pulver verkauft. Das charakteristische Zimtaroma beruht auf dem Zimtaldehyd, einem ätherischen, sehr leicht flüchtigen Öl.

Das passiert

Bei diesem Versuch können die Kinder ein Sinnesorgan „ausknipsen“: Arbeiten Nase und Zunge zusammen, so werden sowohl die Süße des Zuckers als auch die Würze des Zimts wahrgenommen. Beim Zuhalten der Nase (vorübergehender Verlust des Geruchssinns) können die ätherischen Öle, die den Zimtgeruch ausmachen, nicht mehr wahrgenommen werden. Man schmeckt nur noch den süßen Zucker auf der Zunge.

Mhh, das schmeckt!

In der Regel sind Geschmacks- und Geruchswahrnehmungen subjektiv miteinander verknüpft, das heißt, der Geschmack einer Speise enthält beide Komponenten, da sie normalerweise auch gemeinsam auftreten. Geruch und Geschmack von Speisen kombiniert, bezeichnet man auch als *Aroma*. Beide Sinnesleistungen kommen durch die Interaktion chemischer Substanzen mit den Rezeptoren in Mund und Nase zustande.

Naschkatzen und Fleischtiger

Die Geschmacksknospen auf der Zunge und im Rachen signalisieren dem Menschen, was süß, sauer, bitter, salzig oder umami ist. Der Geschmackssinn übernimmt damit die Funktion einer lebenswichtigen „Eingangskontrolle“ – er zeigt in Sekundenschnelle auf, ob ein Lebensmittel eventuell ungenießbar ist. Das Schmecken – ein Nahsinn – ist daher eine (über)lebenswichtige Wahrnehmung. Dabei geht der Geschmackssinn recht pragmatisch vor: Bitter erkennt er als giftig, sauer als unreif – süß hingegen übersetzt der Geschmackssinn in „nahrhaft“. Süß ist der einzige Geschmack, der dem Menschen angeboren ist. Schon Neugeborene können süß schmecken, weil die Muttermilch süß ist. Kein Wunder, dass Kinder – und viele Erwachsene noch – so scharf auf Süßes sind!

Den fünften Basis-Geschmack kennt man noch nicht lange. *Umami* ist das japanische Wort für „wohlschmeckend“ und steht für einen fleischig-fettigen Sinneseindruck. Er kommt beispielsweise in Fleisch oder Käse vor.

Zunge rausstrecken – erlaubt!

Die Kinder kennen es vom Eisschlecken: Die verschiedenen „Schmeck-Eindrücke“ werden auf der Zunge und im Mundraum unterschiedlich intensiv wahrgenommen. Überall auf der Zunge sind alle Geschmacksknospen vorhanden – die Vorstellung, dass man bestimmte Geschmäcker in verschiedenen Regionen auf der Zunge wahrnimmt, ist also veraltet. Allerdings sind die Geschmacksknospen in unterschiedlicher Menge im Mund verteilt.

Im Laufe des Lebens werden es immer weniger Geschmacksknospen: beim Baby befinden sich noch 10.000, bei älteren Menschen nur noch 5.000 auf der Zunge. Starten Sie mit den Kindern doch mit einer Begutachtung ihrer Zunge. Die Kinder betrachten ihre Zunge im Spiegel und unterscheiden verschiedene Abschnitte: Zungenspitze, Zungenkörper mit Zungenrinne und Zungengrund. Deutlich erkennt man die Papillen mit den Geschmacksknospen.

Warum man manchmal nichts mehr schmeckt

Bei Schnupfen entzündet sich die Schleimhaut. Sie schwillt an und sondert mehr Schleim ab. Unsere Nase läuft, fühlt sich aber gleichzeitig „verstopft“ an und wir können nicht gut riechen und damit auch nicht mehr schmecken – manchmal tage- oder sogar wochenlang nach einer Grippe oder einer Corona-Erkrankung.

V1 Es liegt mir auf der Zunge

Was brauchen Sie dazu?

- Tüpfelplatte bzw. Farb-Misch-Palette
- Wattestäbchen
- Spiegel
- Papier und Buntstifte

- Testsubstanzen:
  - süß (Zucker)
  - salzig (Salz)
  - sauer (Citronensäure, Apotheke)
  - bitter (Magnesiumsulfat, Apotheke)
  - umami (Gewürzhandel)

So wird's gemacht

1. Füllen Sie die Palette mit den Testsubstanzen.
2. Die Kinder malen zur Vorbereitung eine Zunge, in die die unterschiedlichen Geschmackseindrücke eingezeichnet werden können.
3. Dann tupfen die Kinder mit Wattestäbchen jeweils in einen Geschmacksstoff und testen auf ihrer Zunge, wo ihre Geschmackssinneszellen am deutlichsten gereizt werden.
4. Dabei beobachtet man die Aktion in einem Handspiegel.

Das passiert

Unsere Zunge reagiert an vielen Stellen auf Geschmacksstoffe. Die Sinneszellen nehmen die Geschmacksstoffe allerdings unterschiedlich wahr. Die Zungenspitze reagiert besonders empfindsam auf süß, die vorderen Zungenränder vor allem auf salzig, die folgenden auf sauer. Der hintere Zungenabschnitt ist auf bitter spezialisiert.

Fragen & Antworten

Wie heißen die „Knubbel" auf der Zunge?
Die „Knubbel" heißen Papillen. In ihnen liegen die Geschmacksknospen. Mit denen schmecken wir verschiedene Geschmacksrichtungen.

Warum läuft mir Spucke (Speichel) im Mund zusammen?
Die Geschmacksstoffe gelangen im Speichel gelöst zu den Geschmacksknospen und docken dort an – vergleichbar einem Schlüssel im Schloss.

Meine Zunge sieht so weiß aus. Ist das normal?
Der weißliche Zungenbelag entsteht durch Speisereste, alte Zellen, körpereigenen Schleim und verschiedene Keime.

Wozu braucht man die Zunge noch?
Die Zunge ist ein Muskel. Sie bewegt beim Kauen die Nahrung hin und her und drückt sie dann beim Schlucken in die Speiseröhre.

V2 Gummibärchen-Testlabor

Was brauchen Sie dazu?

- Augenbinden
- Gummibärchen, auch mit pflanzlicher Gelatine (vegan, halal)
- Bilder von Himbeeren, Erdbeeren, Äpfeln, Zitronen, Ananas und Orangen

So wird's gemacht

1. Jedes Kind bekommt eine Augenbinde und testet die verschiedenen Gummibärchen. Es geht darum, die unterschiedlichen Geschmacksrichtungen zu erleben und zu beschreiben.
2. Danach zeigen die Kinder auf die Frucht, die sie meinen, geschmeckt zu haben.

Das schmeckt man

Hellrote Gummibärchen haben ihren Geschmack von Erdbeeren, dunkelrote von Himbeeren, grüne von Äpfeln, gelbe von Zitronen, orangefarbene von Orangen und weiße von Ananas. Der fruchtige Geschmack der Gummibärchen ist das Ergebnis der Kombination von Säure und Aroma, wobei die Säure die bedeutendere Rolle spielt.

Auch die Farbe des Gummibärchens ist wichtig bei der Geschmackswahrnehmung, da man mit bestimmten Farben automatisch bestimmte Geschmacksrichtungen verbindet, z. B. Rot mit Erdbeergeschmack. Zum Färben werden Naturstoffe verwendet. Die grünen Gummibärchen werden z. B. mit Spinat, die roten mit Holundersaft gefärbt.

Bei der Gelatine handelt es sich um geschmacksneutrale tierische Proteine, die als Grundstoff und Bindemittel für viele Produkte eingesetzt werden. Ersatz für tierische Gelatine sind Agar-Agar oder Alginat (Rot- oder Braunalgen), Kartoffel- oder Maisstärke, Guarkern- oder Johannesbrotmehl.

Fragen & Antworten

Sind in Gummibärchen wirklich Erdbeeren?
Nein! Den Geschmack stellen Chemiker:innen im Labor her. Das Aroma besteht aus künstlichen Frucht-Estern.

Wie viel Zucker ist in einem Gummibärchen?
Ein Gummibärchen wiegt 2,4 g und enthält 1,1 g Zucker.

Auf Tuchfühlung mit unserem Tastsinn

Wie eine Art Grenzposten hat unsere Haut die Aufgabe, Veränderungen der Umwelt zu registrieren und dann das Gehirn vor möglichen Gefahren zu warnen. Wir können tasten und empfinden Druck und Temperatur. Für alle diese Empfindungen gibt es Fühler, sogenannte Rezeptoren in unserer Haut. Sie sind gespickt mit kleinen „Bewegungsmeldern". Diese stellen fest, was auf der Haut passiert: ob ein Finger über unseren Arm streicht, Wind über unser Gesicht bläst oder ob das Handy in der Hosentasche vibriert.

Das geht unter die Haut

Ganz oben in der Lederhaut liegen die Tastkörperchen. Bei diesen Sinneszellen handelt es sich um Rezeptorzellen, das heißt Nervenzellen, die einen Reiz aufnehmen und in eine Nervenerregung umsetzen. Weil bei einer Berührung mechanisch auf die Haut eingewirkt wird, spricht man von Mechanorezeptoren. Sie sind in unterschiedlicher Dichte auf dem ganzen Körper verteilt. An den Fingerspitzen liegen sie besonders dicht. Die Druckkörperchen befinden sich etwas tiefer in der Haut. Diese Rezeptoren nehmen stärkere Druckreize auf.

Wenn es einem kalt und heiß den Rücken runterläuft

Die Thermorezeptoren sind unser körpereigenes Thermometer. Sie reagieren jeweils entweder auf Wärme oder Kälte, sind aber kein verlässliches Messinstrument. Wir können nirgends am Körper ablesen, wie viel Grad die Luft oder das Wasser hat. Spürt der Mensch, dass sich die Außentemperatur ändert, muss der Körper seinen Stoffwechsel anpassen, damit die Körpertemperatur konstant bei ca. 37 Grad Celsius bleibt. Besonders dicht sitzen die Thermorezeptoren an Kinn, Nase, Ohrmuschel, Ohrläppchen und Lippen. Insgesamt besitzt unsere Hautoberfläche etwa 250.000 Kälterezeptoren. Dabei verfügen wir über mehr Kalt- als Warmrezeptoren.

Mit den folgenden Versuchen erkunden Sie mit Ihren Kindern zwei wichtige Funktionen der Haut: Sie erleben Mechanorezeptoren, die Berührungen oder Druck spüren, oder Thermorezeptoren, die über Wärme und Kälte informieren. Ein Storytelling zum Thema Brailleschrift ist ein guter Einstieg.

Story Louis Braille

„Oh nein, jetzt habe ich wirklich keine Zeit!" Die Mutter von Louis ist genervt: Schon wieder will ihr Sohn etwas vorgelesen bekommen. Als Dreijähriger hatte er in der Werkstatt seines Vaters einen Unfall mit einem Messer und sich dabei schwer am Auge verletzt. Nun kann er nichts mehr sehen. Früher war seine liebste Beschäftigung, sich Bilderbücher anzuschauen. Nun muss seine Mutter ihm tagtäglich stundenlang vorlesen. Dabei hat sie so viel im Haushalt zu tun ... Louis ist enttäuscht. Er hätte so gerne noch einmal die Geschichte von Sindbad dem Seefahrer gehört, die Mama ihm gestern vorgelesen hat. Louis überlegt, warum es keine Möglichkeit gibt, dass er allein lesen könnte, ohne jemanden zu nerven. Er setzt sich in die Leseecke des Wohnzimmers, wo auch die Stopfarbeiten seiner Mutter liegen. Als er mit einer dicken Stopfnadel seiner Mutter spielt, kommt ihm plötzlich eine Idee ...

Das müssen Sie wissen

Ein besonders beeindruckendes Beispiel für einen beharrlichen biologischen Forscher stellt Louis Braille dar, dessen Geschichte für Kinder sehr anschaulich ist. Louis Braille erblindete im Alter von drei Jahren, als er sich in der Sattlerwerkstatt seines Vaters mit einem Messer ins Auge stach. Durch eine Infektion verlor er auch die Sehfähigkeit des zweiten Auges. Mit 16 Jahren entwickelte Louis Braille eine Blindenschrift, indem er ein System aus sechs erhabenen Punkten in zwei Reihen anordnete und sie so kombinierte, dass sie Buchstaben und Zahlen entsprachen. Bevor sich seine Sechs-Punkte-Schrift durchsetzen konnte, mussten Blinde noch mühsam die erhaben dargestellten normalen Buchstaben lesen. Er veröffentlichte seine Braille-Schrift 1829 und verbesserte sie noch einmal 1837. Die ersten Bücher mit Braille-Schrift wurden mit einer dicken Nadel durch eine von Braille konstruierte Schablone auf dickes Papier gestochen. Später erleichterten Blindenschriftmaschinen die Übertragung. Erst 1932 erkannte man diese Form der Blindenschrift international an. Am Computer wurde die Braille-Schrift auf acht Punkte ausgedehnt und es gibt unzählige Bücher und Zeitschriften in Blindenschrift.

Weiterforschen

Gehen Sie mit den Kindern auf die Suche nach Blindenschrift im Alltag. Geldscheine, Medikamente, Aufzüge, um nur einige Beispiele zu nennen, sind mit Blindenschrift versehen. Seit 2010 gibt es auch Zeitschriften für blinde Kinder. Untersuchen Sie mit den Kindern die Ränder verschiedener Münzen: Deren Oberfläche ist so beschaffen, dass sie durch Ertasten unterschieden werden können. Die Kinder können auch ihren eigenen Namen in Braille schreiben.

Was brauchen Sie dazu?

- Stopfnadel oder Zahnstocher
- Kopiervorlage: Braille-Schrift
- ggf. Augenbinden

So wird's gemacht

Mithilfe der Kopiervorlage auf S. 93 können die Kinder ihren Namen in Braille-Schrift schreiben. Dafür stechen sie von hinten nach vorne durch das Blatt Papier – dadurch entstehen Erhebungen, die getastet werden können. Die Zettel werden danach ausgetauscht. Wer kann den Namen erkennen?

V1 Gewichtheber

Was brauchen Sie dazu?

- 6 leere Dosen mit Schraubverschluss
- Schrauben oder Nägel

So wird's gemacht

1. Füllen Sie die Döschen mit unterschiedlich vielen Schrauben: Das erste Döschen bleibt leer, dann werden 2, 4, 8, 16 und 32 Schrauben oder Nägel hineingelegt.
2. Die Kinder versuchen, die Döschen nach Gewicht zu ordnen, indem sie diese hochnehmen und in der Hand „wiegen". Erst danach werden die Döschen geöffnet.

Das passiert

Durch den unterschiedlichen Druck (Reiz) auf die Hand (und deren Rezeptoren) lassen sich die Gewichte ordnen.

V2 Domino zum Tasten

Basteln Sie mit Ihren Kindern ein Tastdomino aus unterschiedlichen Oberflächen – wer hat ein feines Händchen?

Was brauchen Sie dazu?

- Bierdeckel
- verschieden strukturierte Oberflächen (Schleifpapier, glatte Folie, Samt, Leinen, Wollstoff, Wellpappe, Küchenpapier)
- Augenbinden

So wird's gemacht

1. Bekleben Sie die Bierdeckel im Dominoprinzip: Ein Material wird auf zwei Bierdeckel verteilt, sodass Paare gebildet werden können.
2. Einem Kind werden die Augen verbunden und die erste Dominokarte wird ihm in die Hand gelegt. Die anderen Karten liegen in Greifnähe.
3. Nun muss die Oberflächenstruktur ertastet werden. Dann wird die passende Karte mit der gleichen Oberflächenstruktur angelegt. Mit allen Karten, die auf dem Tisch liegen, wird genauso verfahren.

Story Zwei Freunde im Schwimmbad

Fabian und Nadine sind beste Freunde. Aber heute läuft es nicht so gut. Sie sind im Schwimmbad und Nadine möchte gerne in das warme Becken. Fabian will aber im kalten Wasser schwimmen. Sie streiten, bis sie sich dann aufteilen. Nadine geht in das angenehm warme und Fabian in das erfrischend kalte Becken. Sie bleiben jeweils eine Weile dort, aber irgendwann wird ihnen langweilig. Sie schauen sich über den Beckenrand hinweg an und beschließen, gemeinsam in ein drittes Becken zu gehen. Dort fällt ihnen auf, dass …

Was brauchen Sie dazu?

- Wasser
- 3 Schüsseln
- Wasserkocher
- Eiswürfel
- Handtuch

So wird's gemacht

1. Erhitzen Sie das Wasser im Wasserkocher und halten Sie Eiswürfel bereit.
2. Stellen Sie drei Schüsseln nebeneinander. Füllen Sie in alle Schüsseln Wasser aus der Leitung. Füllen Sie zusätzlich in die linke Schüssel warmes – nicht heißes! – Wasser. Geben Sie in die rechte Schüssel ein paar Eiswürfel.
3. Die Kinder halten nun für ca. 20 Sekunden die linke Hand ins warme, die rechte ins eiskalte Wasser. Danach werden beide Hände in die mittlere Schüssel gehalten.

Das fühlt man

Manchmal lässt sich unser Temperatursinn täuschen. Wenn sich – wie in unserem Versuch – die eine Hand im kalten Wasser abgekühlt hat, empfindet sie das lauwarme Wasser als warm, fast heiß. Die andere Hand hat sich im heißen Wasser aufgewärmt und empfindet das lauwarme Wasser als kalt.

Anhang – Kopiervorlagen als Arbeitshilfen

- ☑ Plakat: Experimentierregeln
- ☑ Bastelvorlage: Kobra
- ☑ Kopiervorlage: Wettersymbole
- ☑ Bastelvorlage: Brille
- ☑ Kopiervorlage: Braille-Schrift

Plakat: Experimentierregeln

1 Überblick verschaffen

2 Arbeitsplatz vorbereiten

3 Vermutung anstellen

4 Experiment durchführen

4 Aufräumen

5 Dokumentieren

Bastelvorlage: Kobra

Kopiervorlage: Wettersymbole

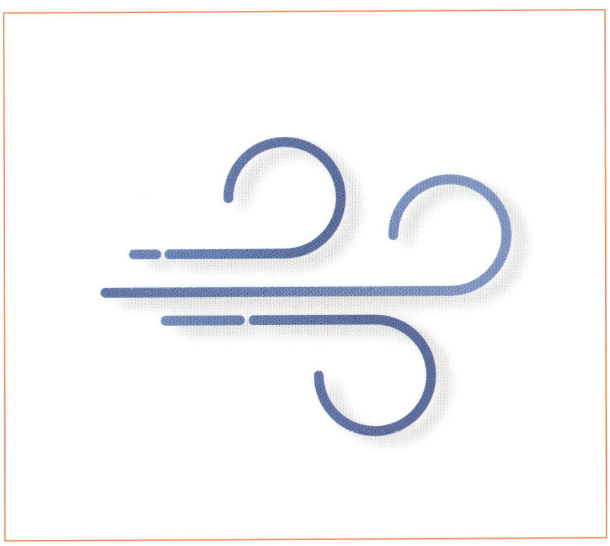

Bastelvorlage: Brille

Kopiervorlage: Braille-Schrift

Über die Autorin

Charlotte Willmer-Klumpp

- Jahrgang 1949, verheiratet, zwei Söhne
- Studium der Biologie und Chemie an den Universitäten Göttingen und Freiburg

Beruf

- Über 40 Jahre lang Biologie- und Chemielehrerin an diversen Schulen, davon 4 Jahre Auslandsaufenthalt in Rio de Janeiro/Brasilien
- 26 Jahre Lehrbeauftragte für Biologie und Chemie am Staatlichen Seminar für schulpraktische Ausbildung (Realschulen) in Freiburg
- Fachberaterin für Unterrichtsentwicklung in den Naturwissenschaften am Staatlichen Schulamt Freiburg
- Lehrauftrag für Naturwissenschaften im Studiengang „Pädagogik der Kindheit" an der Evangelischen Hochschule Freiburg
- Fortbildnerin in Luxemburg für die Qualifizierung von pädagogischen Fachkräften im non-formalen Bereich der naturwissenschaftlichen Bildung an Kindertagesstätten, Jugendeinrichtungen und Jugendhäusern

Autorentätigkeit

- Schulbuchautorin für Biologie, Chemie und Physik beim Ernst Klett Verlag für Naturwissenschaften seit 1998
- Autorin diverser Experimentierbücher für Kindergartenkinder und Grundschulkinder sowie für pädagogische Fach- und Grundschullehrkräfte

Verein „wo wissen wächst" e.V.

- seit 2009 Erste Vorsitzende des gemeinnützigen Vereins „wo wissen wächst": Ein Verein zur Förderung der frühkindlichen Bildung und Didaktik des Übergangs (www.wowissenwaechst.de)
- Organisatorin der „Tage des Wissens für kleine Forscher" in Freiburg (1400 Kinder und 300 Begleiter) und der „Forschertage" in Bad Krozingen (2000 Kinder und 400 Begleiter) für Kindergartenkinder und Grundschulkinder

In dieser Reihe sind bereits erschienen:

Schwierige Elterngespräche in der Kita – und wie sie gelingen
ISBN: 978-3-96046-078-7

Portfolio, Lerngeschichten & Co.
Entwicklungsschritte von Kita-Kindern erkennen, sichtbar machen und dokumentieren
ISBN: 978-3-96046-077-0

Alltagsintegrierte Sprachbildung in der Kita
Die Sprachentwicklung von Kindern wahrnehmen, begeleiten und unterstützen
ISBN: 978-3-96046-081-7

Plötzlich Gruppenleitung
Teamführung und Kinderbetreuung in der Kita erfolgreich meistern
ISBN: 978-3-96046-082-4

Teamentwicklung in der Kita
Wie Sie ein Team bilden, stärken und begleiten
ISBN: 978-3-96046-145-6

Kinder in der Krippe achtsam begleiten
Frühe Förderung und Betreuung von Krippenkindern
ISBN: 978-3-96046-170-8

Kinder mit erhöhtem Förderbedarf
Inklusion, Integration und Förderung gemeinsam in der Kita leben
ISBN: 978-3-96046-183-8

Eingewöhnung in der Peer
Der Start in Krippe und Kita mit dem Tübinger Modell
ISBN: 978-3-96046-224-8

Kinderrechte in der Kita-Praxis
Praxisideen, Projekte und Methoden für mehr Partizipation, Inklusion und Demokratie in der Kita
ISBN: 978-3-96046-242-2

Klett Kita